AF599615

¿HAY VIDA MÁS ALLÁ DE LA MENTE?

Conectando con el ahora

José Luis Belmar

¿HAY VIDA MÁS ALLÁ DE LA MENTE?

Conectando con el ahora

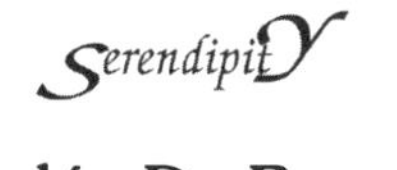

Desclée De Brouwer

© EDITORIAL DESCLÉE DE BROUWER S. A., 2025
Henao, 6 – 48009 Bilbao
www.edesclee.com
info@edesclee.com

ISBN: 978-84-330-3295-9
Depósito Legal: BI-00075-2025
Impresión: Grafo S. A. - Basauri

ÍNDICE

Parte III
Tras la puerta secreta

Parte IV
Junto a la pared transparente

ANTES DE EMPEZAR

El presente es lo único que no tiene fin.

—Erwin Schrödinger[1]

Nuestra comprensión del mundo está condicionada por la mente. La experiencia que teje nuestra vida se podría describir comparándola con los episodios que integran una serie de televisión en la que un protagonista estelar, que sería cada uno de nosotros, interviene en todos sus capítulos. Llamamos realidad al argumento de esa serie, que se construye a diario mediante el diálogo interno en que pasamos buena parte del tiempo. La manera en que manejamos los contenidos que aparecen en la mente influye en cómo interpretamos los acontecimientos y también en el papel que asumimos cuando estos suceden. En ese sentido nuestra vida transcurre en modo pensante, lo cual no quiere decir que la mente sea mala, aunque sí podamos mejorar la forma de relacionarnos con ella. Porque, creyéndonos los pensamientos como si nos contaran siempre la verdad y tratando de huir de las situaciones que juzgamos desagradables, no podremos evitar que se

1. Físico austriaco (1887-1961), galardonado con el Premio Nobel de Física en 1933.

resienta la calidad de nuestra vida al identificarnos con esa estructura inflexible y autodefensiva llamada ego, que acaba convirtiéndose en guionista de nuestra biografía.

Funcionar por defecto en modo pensante es como llevar puestas unas gafas de realidad virtual, que crean la ilusión de pertenecer a la escena que se capta con ellas, a la vez que nos distraen de la realidad auténtica, que veríamos sin las gafas, y en la que estamos ya inmersos sin darnos cuenta. Pero la mente no es un accesorio de quita y pon, porque siempre va con nosotros, aunque sí que hay diversas maneras de estar con ella; por suerte, el modo pensante no es la única opción. La mente es tan necesaria como la pértiga de que se vale un atleta para saltar por encima de un listón mucho más alto que él, y que ha de saber utilizar: sujetándola primero hasta impulsarse con ella, pero soltándola después para rebasar el travesaño con su cuerpo. También es preciso adquirir con la mente una destreza similar para que, en lugar de un obstáculo, sea el medio para llegar más arriba.

En nuestra cultura se ha potenciado tanto el funcionamiento en modo mental –entendido casi exclusivamente desde un nivel pensante– que el centro de gravedad de la persona cada vez está más instalado en su cabeza y más lejos del suelo que pisa, lo que equivale a decir que pensamos mucho la vida, pero solo la vivimos a medias. En la práctica identificamos la mente con la facultad de pensar y así quedan relegadas otras posibilidades, que están a nuestro alcance porque también forman parte de la mente, y que podrían favorecer una vida más equilibrada y completa. Para ello es necesario desarrollar un estilo diferente de dirigir la atención, que nos haga más conscientes de nuestra presencia y nos devuelva al ahora del que con tanta frecuencia nos ausentamos, enredándonos en fantasías y anticipaciones del futuro; porque la vida siempre acontece en presente. Recuerdo haber visto una viñeta que decía:

> "—Un día nos vamos a morir, Snoopy.
> —Cierto, Charlie, pero los otros días no".

Pues bien, mi interés al escribir este libro son esos otros días en que aún estamos vivos, aunque quizá no del todo, ya que el excesivo predominio de la mente pensante puede estar impidiéndonos disfrutar de la vida en plenitud. Todos sabemos con cuánta facilidad perdemos el contacto con el entorno o con quien tenemos a nuestro lado dejándonos absorber por la imaginación o bajo el hechizo de una simple pantalla. A menudo vivimos en nuestro mundo –mental, por supuesto–, pero exiliados del presente al que pertenecemos, y es ahí precisamente adonde debemos regresar.

Nuestra capacidad de estar presentes no es menos importante que la de representarnos mentalmente la realidad, y merece la pena desarrollarla, pues aprendiendo a utilizar la mente así se abre la puerta a una experiencia distinta, y que además promete ser muy valiosa. No se trata de reemplazar un modo de funcionamiento por otro, sino de adquirir flexibilidad para saber emplear el que más convenga en cada situación, igual que hace el atleta con la pértiga cuando va a saltar. Lo sorprendente es que el hombre, que en su constante progreso para dominar el mundo se ha lanzado incluso a la conquista del espacio, necesite que se le muestre el camino hacia algo tan elemental y que siempre ha tenido muy cerca, en su propia naturaleza.

Para reconectarnos con el presente hay que empezar apreciando la riqueza que encierra lo sensorial, muchas veces postergada bajo la dictadura de lo cognitivo y de una visión superficial del cuerpo, ya que los sentidos pueden ser la vía más directa para descubrir un nuevo sabor a la existencia. En esa dirección apuntan las orientaciones y ejercicios propuestos en esta obra para el entrenamiento de la atención, aunque para que resulten útiles será indispensable la colaboración del lector, que deberá implicarse practicando –y no solo entendiendo– lo que lea. La clave no está en acumular conocimientos sino en adoptar una perspectiva más saludable de relacionarnos con los contenidos mentales, que se refleje en nuestra vida diaria y saque a la luz la mejor versión de nosotros mismos; porque al restablecerse la conexión con el ahora también se revela quiénes somos de verdad.

La pregunta que da título a este libro parece sugerir cierto paralelismo, no solo fonético, entre las palabras mente y muerte. Pero igual que el interrogante por la vida después de la muerte puede esconder una trampa, ya que lo primero que debe interesarnos es averiguar si la hay antes de morir, también en este caso hemos de partir de lo más cercano, que es nuestra forma concreta de vivir con la mente, para indagar hasta dónde podemos llegar con ella. Es importante conocer qué estamos haciendo –y dejando de hacer– con la mente si queremos dar con la senda que nos conduzca de nuevo al presente, que es nuestra verdadera patria, y nos ayude a lograr una vida más satisfactoria.

Lo que pretendo, querido lector, con este libro que tienes en tus manos, es acompañarte por ese camino de regreso a casa. Para ello te propongo un itinerario desde lo más inmediato de tu experiencia: la vida ordinaria tal como la estás viviendo. Este es el más acá de la mente que habrá que atravesar antes de llegar a su frontera. A fin de evitar malentendidos, en la primera parte de esta obra precisaré en qué sentido empleo la palabra mente, pues todos la usamos con frecuencia, aunque no siempre para expresar lo mismo. Las tres partes siguientes del libro serán una invitación a profundizar en el conocimiento de la mente desde tres puntos distintos, simbolizados por diferentes estancias de una casa imaginaria. El planteamiento es ciertamente psicológico, pero sobre todo psicagógico[2], pues de lo que se trata es de conducirte gradualmente hasta el umbral de una nueva experiencia, que solo será tuya si la vives.

Te animo a emprender juntos esta aventura que puede llevarte muy lejos, explorando el territorio, familiar y desconocido a la vez, de la mente. Ella es el escenario en que ocurre tu vida y donde se fragua

2. El término psicagogia (ψυχαγωγία) se encuentra en los diálogos de Platón para expresar que su función es conducir el alma del lector a descubrir por sí mismo la sabiduría.

lo que llamas realidad. Poniéndole por título un interrogante también quiero indicar que este es un libro para lectores inquietos, que no se conforman con respuestas de segunda mano. Valdrían para ellos estas palabras del poeta Rainer María Rilke[3]: "Viva usted ahora sus preguntas. Tal vez, sin advertirlo siquiera, llegue así a internarse poco a poco en la respuesta anhelada y, en algún día lejano, se encuentre con que ya la está viviendo también". Lo importante es que descubras las respuestas por ti mismo, ya que nada debería anteponerse a tu experiencia personal. Siempre he desconfiado al tratar con los que creían tener respuesta para todas mis preguntas, pero me parece que aún hay que desconfiar más de quien ni siquiera se las hace, y pasa por el mundo como un zombi satisfecho con los dogmas del pensamiento único imperante en la sociedad. Si estás dispuesto a embarcarte en busca de la respuesta, este libro es para ti. Tómate todo el tiempo que necesites para recorrer el camino sin prisas porque no es a otra galaxia, sino a ti mismo, adonde tienes que llegar.

3. Cartas a un joven poeta, IV.

I

LA CASA DE MIS SUEÑOS

Si un hombre atravesara el Paraíso en un sueño, y le dieran una flor como prueba de que había estado allí, y si al despertar encontrara esa flor en su mano... entonces, ¿qué?

—Samuel Taylor Coleridge[1]

1. Poeta inglés (1772-1834).

1

LA VIDA EN DIRECTO

El mundo es mi representación.

—Arthur Schopenhauer

Desde su primera página quiero que este sea un libro práctico por partida doble: que lo que aprendas nazca de tu experiencia personal y sirva también para mejorarla, abriéndote a una vida más auténtica. Porque estamos saturados de teorías que pretenden explicar todo, se necesita un enfoque diferente. Si te preguntaran qué es para ti la vida, seguro que tendrías una respuesta. Tal vez la tomarías prestada de algún personaje famoso a quien se la hubieras oído o leído; o bien te la inventarías para decirlo con tus propias palabras. En cualquier caso, tu respuesta siempre sería una construcción verbal para expresar una idea. No basta con eso. Hay que desentrañar qué es para ti la vida partiendo de cómo la vives, es decir, cómo la sientes, a qué te sabe. Aunque no siempre es fácil definir con palabras un sabor, al menos es posible darse cuenta de él.

Una cosa parece evidente: tanto tú como yo estamos vivos, existimos. ¿Y qué significa existir? A grandes rasgos, que desde que nos despertamos por la mañana hasta que nos quedamos dormidos por la noche estamos inmersos en un océano de sensaciones y acompañados por una banda sonora formada por pensamientos y diálogo interno como trasfondo de nuestras acciones. El descanso nocturno introduce un paréntesis en ese modo de presenciar lo que ocurre a nuestro alrededor y nos asoma a otro paisaje del que solo esporádicamente recordamos algún fragmento. En sueños podemos volar, hablar con personas que hace tiempo que murieron o ejecutar actos que no nos atreveríamos a llevar a cabo durante el día; y todo esto, sin que experimentemos extrañeza, vergüenza o incomodidad mientras lo estamos soñando, salvo en esas ocasiones en que despertamos súbitamente sobresaltados por el contenido del sueño. ¡Qué alivio sentimos cuando nos percatamos de que lo que nos estaba angustiando ya ha desaparecido, que solo era un sueño! Ojalá pasara así en los momentos más conflictivos a los que debemos enfrentarnos en la vida y hubiera también entonces un instante de lucidez que nos revelara que no hay nada que temer.

A pesar de que en el curso de la humanidad abundan ejemplos[1] de lo importantes que fueron los sueños para orientar la vida de una persona o de un grupo social, lo común y culturalmente aceptado hoy es no tomarlos en serio, sino como una versión distorsionada de la auténtica realidad, tejida con retazos absurdos y a menudo indescifra-

1. En las civilizaciones mesopotámicas se creía que los sueños eran revelaciones divinas o expresiones del más allá. Los antiguos egipcios anotaban sus sueños en papiros, ya que creían que a través de ellos los dioses les mandaban mensajes; incluso el faraón contaba con sacerdotes especializados que interpretaban sus sueños para ayudarle a tomar decisiones. De ello hay un conocido testimonio en la historia bíblica de José, el hijo de Jacob que fue vendido por sus hermanos a unos mercaderes y acabó como gobernador en Egipto al servicio del faraón. Por su parte, en Grecia existió la práctica de prepararse ritualmente para enfocar el sueño en un tema concreto y así encontrar soluciones a los problemas; este método se denomina incubación del sueño. También llama la atención en el relato bíblico del nacimiento de Jesús la naturalidad con que su padre José toma decisiones cruciales después de haber recibido en sueños las instrucciones pertinentes por medio de un ángel.

bles. Despectivamente nos referimos a ellos diciendo que "los sueños, sueños son"[2], para enfatizar nuestra convicción de que la pantalla que, metafóricamente, se ilumina al despertarnos por la mañana, es la que nos ofrece el contenido correcto y nos vincula con el mundo de verdad.

La diferente manera de experimentar la vida estando despiertos o dormidos me recuerda los varios programas que se pueden escuchar moviendo el dial de un aparato de radio. Mientras soñamos es como si estuviéramos sintonizando con una emisora que se oye en otra frecuencia. Pero la que nos interesa como punto de partida para este trabajo es la emisora con que conectamos al abrir los ojos cada mañana al despertar. Más aún, la que nos interesa es la emisora de tu vida tal como tú la escuchas; no esa vida ideal que a lo mejor creas que deberías vivir o que quizá esperes disfrutar en el futuro.

Esa experiencia que vives en directo consiste básicamente en la interacción con el medio en que te hallas y se manifiesta como una continua y recíproca relación tanto contigo mismo como con lo demás que consideras distinto o separado de ti. Así, cabe señalar dos elementos fundamentales. En primer lugar, el mundo o escenario donde transcurren los episodios de tu biografía en la medida en que lo captas y te afecta de algún modo. Porque lo que no es advertido o carece de relevancia para ti es como si no existiera, no constituye tu experiencia, igual que los seres microscópicos que ahora mismo llenan la habitación en que estás o la erupción de un volcán en un planeta de otra galaxia o lo que pasa en tu ciudad una noche cualquiera mientras duermes: por muy real que sea, tú no eres consciente de ello. El segundo elemento que también integra la experiencia es la forma en que resuena en ti ese contacto con el mundo y que se traduce en pensamientos, emociones, lenguaje interior, recuerdos y expectativas. Es tu representación del mundo, la realidad tal como

2. Fragmento del primer soliloquio de Segismundo en la obra de Calderón de la Barca *La vida es sueño*.

la percibes e interpretas. Ambos elementos son interdependientes y de su combinación dinámica nace tu experiencia como persona que vive y actúa en medio del mundo.

El descubrimiento del mundo como escenario vital tiene lugar por la percepción del entorno mediante la vista, el oído, el olfato, el gusto y el tacto. Desde que despertamos por la mañana, nuestros sentidos nos conectan con el mundo en que vivimos. Estamos recibiendo continuamente estímulos que nos informan de lo que hay a nuestro alrededor y en nuestro propio cuerpo. Hagas lo que hagas y estés donde estés, como por ejemplo ahora que tienes en tus manos este libro, te hallarás envuelto por impresiones sensoriales: lo que ves, lo que oyes, lo que hueles o lo que tocas en este momento. Esa información obtenida por los sentidos se traduce en sensaciones, que son el modo en que tú constatas la percepción.

Pero las sensaciones no solo constituyen el resultado de la percepción sensorial del mundo que te rodea, sino que también pueden referirse a tu cuerpo. Notas que estás respirando, sabes que te duele la cabeza, que tienes hambre o sed, gracias a las sensaciones que, localizadas en tu cuerpo, te dan esa información. Tampoco se ubican en el entorno, sino más cerca de ti, las sensaciones sobre tu postura corporal o el equilibrio. Pero tanto si te informan de tu cuerpo como de la realidad circundante se trata siempre de sensaciones generadas por la actividad de los sentidos.

Ahora bien, al percibir el mundo y a ti como organismo en medio de él no te comportas como una cámara fotográfica, que capta imparcialmente la imagen delimitada por su objetivo, sino que pones bastante más de tu parte. No somos receptores pasivos sino interactivos. Aquí interviene el segundo elemento de la experiencia: la resonancia que la percepción del mundo provoca en ti. Fruto de esa resonancia, lo que acabes percibiendo no será tanto lo que te haya llegado de fuera cuanto lo que tú interpretes teniendo en cuenta, por supuesto, la información de los sentidos, pero también tu particular modo de leerla. Por ejemplo, observa la siguiente figura:

Espero que al verlo no hayas dicho en tus adentros que es un círculo, porque no lo es. Sin embargo, tanto tú como yo lo percibimos como si fuera un círculo al que solo le faltaran algunos retoques; en realidad, los retoques se los ponemos nosotros, completando lo que supuestamente falta o dejando de ver lo que pudiera sobrarle.

La información procedente de los sentidos pocas veces es unívoca. Si acercas la mano al fuego, lo normal es que la retires instintivamente para evitar quemarte. En ese caso parece no haber alternativa. Sin embargo, con frecuencia los datos sensoriales son ambiguos, de modo que no todos los percibimos igual. Para comprobarlo, mira las siguientes figuras:

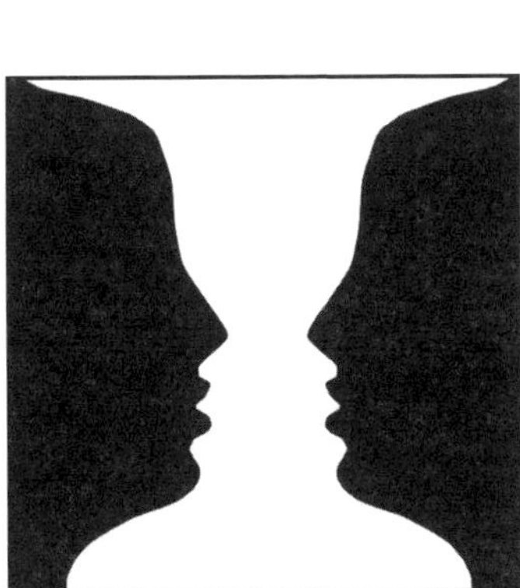

En la primera imagen, cuando uno se fija en lo blanco se percibe una copa mientras que si nos fijamos en lo negro se ven dos caras enfrentadas. En la imagen de la derecha, del color al que se atienda dependerá también que se vea un árbol sobrevolado por pájaros o un gorila plantándole cara a una leona.

Esto no sucede solo con la vista, sino también con los demás sentidos: la experiencia de lo que percibimos es mucho más que la simple constatación de una información neutra impuesta automáticamente. Por ejemplo, si ahora oyeras sonar una campana tres veces seguidas muy probablemente dirías que has oído tres campanadas; aunque lo que de verdad habría sonado sería: una campanada, una campanada y una campanada. Percibirlas formando un grupo de tres campanadas es construcción tuya. Además, si las campanadas que sonaran fueran las de un reloj, escucharlas podría llevarte a pensar que son las tres de la tarde y servirte de señal, por ejemplo, para interrumpir lo que estuvieras haciendo, cambiarte de ropa y salir del trabajo. ¡Lo que es capaz de conseguir de nosotros una simple campana!

En la vida real nos movemos en contextos mucho más complejos que la mera percepción de un círculo o del sonido de una campana, pero si en los ejemplos anteriores, basados en situaciones tan simples, ya es evidente cuánto influyen en la percepción factores cognitivos no contenidos en el estímulo, mucho más lo será a medida que aumente el número de datos sensoriales que procesar.

Por tanto, lo que conocemos del mundo es consecuencia de la percepción sensorial pero no está exclusivamente determinado por ella. Es una construcción o elaboración partiendo de los datos suministrados por los sentidos. El resultado final de la percepción se experimenta como sensación, de manera que una percepción no procesada conscientemente pasaría inadvertida: habría percepción sin sensación. Lo que la convierte en sensación es el hecho de darse cuenta de ella. Pero las sensaciones no son solo percepción porque, al tomar conciencia de lo que percibimos, le atribuimos un significado, que no está en el estímulo, sino en quien lo percibe. Es lo que ocurre, por ejemplo, cuando nos parece ver en las nubes la silueta de un elefante o la cabeza de un indio apache. Con la misma naturalidad con que encontramos formas conocidas en las nubes, tendemos a apreciar regularidades en la información que nos llega a través de los sentidos, de modo que el escenario en que transcurre nuestra vida es percibido como un conjunto ordenado y no como un amasijo caótico de estímulos. Las sensaciones, en definitiva, son estímulos interpretados.

Que nuestro conocimiento del mundo proceda de la percepción sensorial, pero sin estar necesariamente determinado por ella, obedece a la intervención del segundo elemento que contribuye a plasmar nuestra experiencia: la forma en que el contacto con la realidad que proporcionan los sentidos es modulado en función de la repercusión que nos produce. No somos receptores pasivos de información sensorial, como lo sería una máquina o un ordenador, sino que a la vez que la recibimos la interpretamos. Aquí desempeña un papel fundamental el lenguaje mediante el que nos representamos la realidad y operamos internamente con ella. Por ejemplo, si Leonardo da Vinci, que fue un sabio en su tiempo, de repente y por arte de magia aterrizara en medio del tráfico de una gran ciudad, parecería más torpe que cualquiera de nosotros porque encontraría muchos objetos extraños para él, que no podría explicar valiéndose de sus conocimientos. De entrada, habría de inventar un nombre para referirse a esos aparatos rodantes con personas dentro que circularían a gran velocidad ante el asombro de sus ojos porque las cosas se empiezan a conocer cuando se aprende a llamarlas por su nombre[3].

Así, lo que denominamos mundo es la representación que construyes en tu interacción con él, fruto de la información procedente de los sentidos convenientemente moldeada por tu personal manera de procesarla. Que sea una representación no quiere decir que se trate de

3. En el relato bíblico de la creación se dice que el hombre puso nombre a los animales para indicar la supremacía sobre ellos.

una copia, o sea, que haya una realidad original fuera de ti de la que tú conservarías una imagen retocada y, en ese sentido, no auténtica o imperfecta. Esto es una idea importante: si para el propósito de este libro es necesario partir de la experiencia concreta de tu vida tal como la percibes, lo que cuenta es tu representación del mundo porque esa es tu experiencia de la realidad según aparece ante el ojo con que la enfocas. Un filósofo lo expresaría diciendo que nuestro conocimiento es fenoménico, en el sentido etimológico de la palabra fenómeno[4], que literalmente significa *lo que aparece*. Es decir, lo que sabemos de la realidad es lo que capta nuestra capacidad de conocer y en la misma forma en que lo hace. Por eso a todos nos parece evidente –porque así lo experimentamos– que el cielo en un día despejado es azul o que el sol sale y se pone por el horizonte. Aunque la ciencia nos diga que es el movimiento de la Tierra el que produce el efecto de ver aparecer y desparecer el sol no tenemos la experiencia de estar moviéndonos. Me dirás que eso es vivir de las apariencias y tendrás razón: ese es exactamente nuestro mundo, el de las apariencias.

Tu experiencia toma forma gracias a que tú la esculpes y en esa tarea intervienen factores biológicos y sociales de los que no solemos ser conscientes; o sea, la construcción de tu experiencia no arranca de la nada, sino que en cierta medida ya la tienes prefabricada. El principal factor biológico es la herencia recibida de los antepasados, que configura los límites de tu experiencia. Aunque te lances desde lo alto de un rascacielos aleteando con tus brazos para aprovechar el empuje de las corrientes de aire no conseguirás volar como un pájaro porque la especie humana no ha desarrollado esa habilidad. Muchas de tus reacciones son instintivas y están en tu repertorio sin necesidad de haberlas elegido o ensayado. Por ejemplo, si llevas muchas horas sin probar alimento recibirás señales del estómago que te impulsarán a comer; si te sobreviene un estornudo, lo harás cerrando los ojos; si escuchas cerca de ti una fuerte explosión intentarás huir o te quedarás

4. φαινόμενον, en griego.

paralizado por el miedo. Estas y otras muchas reacciones automáticas las tenemos programadas, no son una decisión personal y reflexiva escogida para la ocasión.

Pero además de los factores biológicos hay otros de tipo cultural que también condicionan nuestra experiencia. La sociedad en que naces te inculca una determinada forma de entender la realidad, compartida por la mayoría de sus miembros y que tú asumes sin cuestionarla. Obviamente, no es la única posible, pero lo habitual es que a todos nos lo parezca. Y no solo se nos educa en una cosmovisión, sino que desde nuestra más tierna infancia estamos sometidos a continuos aprendizajes, necesarios para crecer como personas, que tienen lugar sobre todo en el seno de la familia y en la escuela, pero también en el contacto interpersonal en la calle y a través de los medios de comunicación social o internet. Estos aprendizajes son la mejor explicación de tu comportamiento porque, en definitiva, todo lo que hayas aprendido a lo largo de tu vida sirve de marco para encajar tu experiencia personal.

Así, las claves culturales con que interpretas la realidad junto a los rasgos de carácter que has heredado, tus limitaciones y aptitudes innatas pavimentan el suelo en que se apoyan tus pies. Pero lo sorprendente es que la combinación de herencia y aprendizaje da lugar a seres únicos, de modo que cada persona tiene algo que la distingue de las demás. Aunque dos hermanos gemelos pertenezcan a la misma familia y se hayan criado en el mismo ambiente, la peculiar manera en que cada uno procese su experiencia genera diferencias individuales. La herencia y la cultura son fundamentales, pero la vida de un ser humano no se reduce a ellas.

2

LOS INGREDIENTES DE LA EXPERIENCIA

Si el cerebro fuera tan simple como para que pudiéramos entenderlo, nosotros seríamos tan simples que no lo entenderíamos.

—Georg Edgin Pugh[1]

Nuestra experiencia como personas se nutre de dos fuentes: la información obtenida por los sentidos y el procesamiento cognitivo, que además de encargarse de interpretarla haciéndola comprensible, genera otros muchos contenidos como pensamientos, imágenes, recuerdos o diálogo interno. No sería acertado afirmar que la primera fuente procede de fuera mientras que la segunda es de origen interno, porque supondría dar por buena una distinción dentro/fuera que en realidad no existe. Ni la información captada por los sentidos está fuera de ti ni el procesamiento de esos datos tiene lugar en una especie de laboratorio individual separado del mundo. En cuanto a la experiencia humana hablar de dentro y fuera induce a error, ya que

1. Científico estadounidense (1926-2013), autor del libro *The Biological Origin of Human Values.*

toda experiencia abarca a la persona en su integridad, que siempre es un *ser en el mundo,* sin que pueda establecerse con claridad una frontera que delimite lo que parece estar dentro de lo de fuera. En definitiva, no hay yo sin mundo ni mundo sin yo.

Al gestionar los datos sensoriales y elaborar contenidos cognitivos ejecutamos dos funciones distintas, semejantes a las de la cámara de un teléfono móvil, que utilizamos tanto para grabar imágenes como para reproducirlas. La grabación de una escena consiste en captar los estímulos presentes en el encuadre de la cámara, lo que equivaldría a la percepción del mundo en forma de sensaciones. Reproducir la grabación actualizando imágenes y sonidos que ya no están realmente presentes sería como traer un recuerdo a la memoria y revivir situaciones, personas, palabras o sentimientos de otro tiempo. Los seres humanos contamos con esa doble función receptora/emisora, que nos permite captar la información de los sentidos y también crear contenidos en forma de pensamientos, lenguaje, recuerdos y fantasía. Pero a diferencia de lo que hacemos con el móvil, grabando primero y reproduciendo después, en nuestro caso ambas funciones no son excluyentes y a menudo se solapan. Así podemos disfrutar de una puesta de sol en la playa mientras planificamos mentalmente el viaje de regreso de las vacaciones o conducir nuestro coche respetando las señales de tráfico que encontramos por el camino a la vez que recordamos la discusión que acabamos de tener con un compañero de trabajo. Somos expertos en simultanear la recepción de datos sensoriales con la producción de contenidos cognitivos. Siendo más precisos, esa simultaneidad es solo aparente, porque la atención no está al mismo tiempo en las dos fuentes de información, sino que oscila entre ambas, de modo que cuando una ocupa el foco de la atención, la otra queda en segundo plano. Sin embargo, la oscilación se produce a tanta velocidad que la impresión subjetiva es la de estar atendiendo a las dos a la vez.

Nuestra capacidad de procesamiento de la información es limitada y no podemos abarcar toda la posible. Compruébalo mirando la siguiente imagen: ¿qué ves? Una mujer, desde luego; pero ¿joven o vieja? Las dos opciones son posibles y, según cómo se mire, puede verse una u otra. Siendo una misma imagen, algunos ven más fácilmente una que otra, si bien, una vez se ha descubierto la segunda, se ven las dos mujeres sin dificultad. Eso sí, o se ve la joven o la vieja, pero no se pueden percibir las dos al mismo tiempo, a pesar de tenerlas delante de los ojos.

La función receptora no se distingue de la emisora porque la primera sea pasiva y la segunda activa, ya que lo habitual es que ambas compartan componentes tanto activos como pasivos. Al percibir un objeto, además de captar los estímulos presentes en la situación también juegan los conocimientos previos, recuerdos y creencias, propios de la actividad cognitiva, que dan forma y sentido a la percepción. Por su parte, la función creadora de contenidos tampoco es siempre activa, pues en muchas ocasiones no se ejercita de forma voluntaria, sino que los pensamientos e imágenes mentales, las palabras que nos decimos sin abrir la boca y los recuerdos, vienen sin haberlos buscado.

El científico irlandés William Molyneux planteó al filósofo John Locke en el siglo XVII el siguiente problema: si un ciego de nacimiento adquiriera la vista siendo adulto, ¿sabría reconocer solo con la mirada un cubo o una esfera, figuras geométricas que hasta entonces conocía por el tacto? Los casos reportados de invidentes que comienzan a ver tras someterse a una cirugía parecen apoyar una respuesta negativa. Estos pacientes los primeros días después de la operación no suelen percibir objetos, sino manchas de color y diferencias de textura. Les faltan los nombres con que designar lo que están viendo porque carecen de recuerdos y asociaciones previas. Necesitarán del aprendizaje para terminar percibiendo como los demás. Recuerdo aquel humorista que ironizaba extrañado de que los franceses llamen al queso *fromage*, cuando todo el mundo ve claramente que es queso. En realidad, lo cierto es que solo lo ve como queso el que ya sabe que lo es porque quien no lo haya visto nunca primero tendrá que aprenderlo.

Los psicólogos, empleando la analogía de la informática, distinguen entre el procesamiento guiado por los datos (*bottom up* o de abajo arriba), en que el conocimiento es directamente obtenido de los sentidos, y el guiado conceptualmente (*top down* o de arriba abajo), en que el sujeto aplica sus conocimientos previos para regular y dirigir la percepción. Por ejemplo, si oyes una fuerte explosión a tus espaldas mientras vas por la calle tu atención se dirigirá instintivamente hacia el origen del ruido; es decir, el estímulo percibido por los sentidos es el que determina hacia dónde se dirige tu atención. En cambio, si pretendes localizar a un conocido tuyo en medio de una multitud serás tú quien gobierne el foco de la atención hasta encontrar un rostro cuyas características se correspondan con las que guardas en tu memoria de la persona que buscas. En este último caso, será tu conocimiento previo de la persona y tu intención de encontrarla lo que oriente tu atención.

La función receptora se traduce en sensaciones, que suministran información sobre el entorno y sobre ti como organismo. Pueden ser de muchas clases, dependiendo de la modalidad sensorial que las produzca; y también difieren en cuanto a la intensidad o fuerza con que son registradas. Evidentemente, no percibimos todos los estímulos que se encuentran en el ambiente porque nuestro sistema sensorial es limitado. La percepción estará condicionada en primer lugar por el estado de nuestros órganos sensoriales: un ciego no percibe igual que otra persona que ve; lo mismo un sordo comparado con el que oye. Además, incluso con nuestros sentidos a pleno rendimiento, su capacidad no es ilimitada, sino que percibimos solo una parte de la estimulación presente en cada momento. A veces son las características del estímulo las que dificultan o impiden percibirlo. Por ejemplo, los ultrasonidos son ondas no perceptibles por el oído humano porque su frecuencia está por encima de los 20 kHz; aunque estén presentes, no se oyen. Lo mismo podría decirse de las restantes modalidades sensoriales (visuales, olfativas, táctiles, gustativas): siempre hay un nivel por encima o por debajo del cual la percepción no es posible.

La función emisora incluye un variado abanico de fenómenos a los que genéricamente nos referiremos con el nombre de cogniciones, algunas de las cuales guardan bastante semejanza con lo sensorial. Es el caso de las imágenes, que equivalen a recrear una percepción en ausencia de los estímulos que la producen, o los recuerdos, que reconstruyen una experiencia pasada reviviendo escenas en las que aparecen personas y objetos que no están presentes. Gracias a la información conservada en la memoria somos capaces de reproducir sensaciones experimentadas tiempo atrás.

Los pensamientos merecen una mención aparte porque constituyen el producto estrella de la función cognitiva. En esencia, los pensamientos son palabras interiorizadas, de manera que somos capaces de pensar porque hemos adquirido el lenguaje, que parece ser una facultad exclusiva del ser humano. Solo los hombres empleamos palabras, aunque también los animales utilicen gestos, expresiones, olores o sonidos para comunicarse. Todo lo que podamos sentir, pensar, observar o imaginar puede convertirse en palabra, que es un símbolo que representa o se refiere a lo sentido, pensado, observado o imaginado. También puede simbolizarse mediante palabras nuestra interacción con el mundo, es decir, las acciones –verbales o no– con que intervenimos en el escenario de nuestra experiencia personal. El lenguaje lo usamos públicamente al hablar, escuchar o escribir, pero también en privado como pensamiento. Aunque los pensamientos puedan ir acompañados de imágenes y de sensaciones físicas son un fenómeno distinto de ellas, caracterizado por su naturaleza verbal.

Date cuenta de lo importantes que son los pensamientos para ti, igual que para todos. Son fundamentales porque te hablan de tu vida y cómo vivirla, de cómo eres y cómo deberías ser, te indican qué tienes que hacer y qué has de evitar. Sin embargo, nunca deberías olvidar que en realidad los pensamientos no son más que palabras interiorizadas, a veces verídicas porque expresan fielmente hechos ciertos, pero otras no. Además, la mayoría de las veces no son ni verdaderos ni falsos; simplemente expresan opiniones, juicios y creencias que forjan tu actitud ante la vida, o los impulsos que te predisponen a actuar conforme a tus metas y deseos.

La experiencia humana es el resultado de la combinación de la información sensorial con la cognitiva. Esta última influye en el filtrado e interpretación de los datos sensoriales, a la vez que estos serán la materia prima de pensamientos, recuerdos e imaginaciones. La proporción en que cada una de estas fuentes interviene en la construcción de la experiencia varía dependiendo de las circunstancias. Hay personas que por su temperamento o educación son más permeables a la información sensorial mientras que otras tienden a convivir más con sus pensamientos. Que prevalezcan los datos de los sentidos sobre la elaboración cognitiva o viceversa genera estilos diferentes de experimentar la propia vida, lo cual puede explicar en parte que, aun viviendo todos en el mismo mundo, cada uno lo perciba a su manera.

Lo usual es que ambas vías se crucen y que cada una contribuya en cierto grado a plasmar lo que consideramos experiencia, aunque también puede haber situaciones en que esta sea fruto casi exclusivo de la información proveniente de una sola de las fuentes. Es lo que sucede, por ejemplo, cuando soñamos. Las imágenes y diálogos que presenciamos en sueños no obedecen a percepciones actuales pues mientras dormimos la actividad de los sentidos descansa y no nos afecta. Se trata, por tanto, de una vivencia puramente cognitiva y no sensorial. También, aunque estemos despiertos y con los ojos bien abiertos, si nos dejamos llevar por la fantasía, el ensimismamiento nos encierra en una especie de burbuja que nos desconecta de la realidad circundante. En ese estado, nos perdemos muchos detalles de la situación en que nos hallamos porque la cognición que acapara nuestra atención no deja espacio para percibir el entorno. Así, un carterista avispado lo tendría muy fácil para abrirnos la mochila sin que nos diéramos cuenta y es posible que se nos olvide apearnos en la estación de metro a la que nos dirigimos. Estos son ejemplos de episodios en que lo cognitivo se impone sobre lo sensorial.

En el otro extremo, hay ocasiones en que la experiencia sensorial es tan intensa que acapara casi toda la atención y deja poco espacio para la cognición. Son algunos de esos momentos en que diríamos "me he quedado sin palabras", dando a entender que el asombro desactiva el engranaje verbal del pensamiento para ceder el protagonismo a la sensación. Todos hemos sido testigos alguna vez de ello. Por ejemplo, pudo ser cuando, cautivado al contemplar una obra de arte de extraordinaria belleza, te pareció que el tiempo se detenía; o cuando paseando tranquilamente por un hayedo entre la luz y los colores del otoño viste cómo se diluían los problemas que te preocupaban; o quizá también al disfrutar de una apasionada relación sexual con tu pareja creíste haber tocado el cielo... Son pequeñas muestras de experiencias en que lo sensitivo prevalece sobre lo cognitivo.

Trata de comprobar por ti mismo cómo se combinan la función receptora y la cognitiva en el estado en que te hallas ahora. Haciendo una pausa en la lectura de este libro, observa durante unos instantes qué es lo que ves, oyes, hueles o tocas, reconociéndolo como sensaciones obtenidas a través de los sentidos. Detecta también si piensas algo, si te sobreviene algún recuerdo o imaginación, si estás hablando interiormente. Cae en la cuenta de que las sensaciones se entremezclan con las cogniciones, que tu experiencia es un cóctel que las combina sin obedecer a un plan predeterminado. Por supuesto, si repites este ejercicio en otros momentos verás que la proporción de actividad sensorial y cognitiva es variable, aunque quizá descubras también cierta tendencia a priorizar una de las dos.

Así pues, el concepto de cognición engloba tanto los pensamientos como los recuerdos e imágenes mentales. Y las cogniciones, junto a las sensaciones, son los elementos constitutivos de tu experiencia vital[2]. Te preguntarás dónde quedan las emociones, tan importantes en nuestra vida. No me he olvidado de ellas. Lo que ocurre es que la emoción es una serie compleja de cambios físicos que se perciben como sensaciones (sudoración en las manos, nudo en la garganta, temblor de piernas...) o impulsos que nos predisponen para la acción. Por eso en lugar de considerarlas como un elemento distinto las entenderemos incluidas entre las sensaciones, que es la manera en que usualmente las percibimos. La emoción también está muy vinculada a los componentes cognitivos: pensamientos, imágenes y recuerdos. De lo que se trata entonces es de reconocer las emociones en medio de la jungla de sensaciones y cogniciones a las que están estrechamente ligadas.

Lo que tienen en común las sensaciones y cogniciones como elementos integrantes de tu experiencia es el hecho de que tú te das cuenta de ellas. Tanto unas como otras son datos de conciencia. Es

2. Sensaciones y cogniciones equivaldrían, respectivamente, a lo que el filósofo David Hume denominaba impresiones e ideas.

decir, las sensaciones lo son porque tú las sientes y los pensamientos, imágenes mentales y recuerdos lo son porque los piensas, imaginas y recuerdas. Parece una perogrullada, pero no está de más recordarlo porque a veces da la impresión de que no lo sabemos. Por ejemplo, imagina que la fuerza del viento derribara un árbol situado en medio de una estepa solitaria donde nadie pudiera escucharlo en varios kilómetros a la redonda. ¿Crees que haría ruido al caer y chocar contra la tierra? Si respondes que sí es porque asumes que el ruido se produce tanto si alguien lo oye como si no, lo cual no es cierto, porque un ruido solo lo es si es percibido. O sea, el árbol que cae al suelo sin que nadie lo escuche no produce ruido.

Nuestro modo de conocer determina qué consideramos real. Si todo lo que experimentamos aparece como cognición o sensación se comprende que solo califiquemos como real lo que sea captado así, porque la realidad adopta la misma forma de la mente que la conoce. El agua que llena una vasija esférica no tiene forma de esfera, pero el recipiente se la da. Si el vidrio de la vasija es verde, dará la impresión de que el líquido que contiene también posee ese color, aunque no sea así.

Una pregunta interesante es por qué si la experiencia se compone de una heterogénea y aparentemente caótica sucesión de sensaciones y cogniciones, en cambio la vivimos como si fuera una historia coherente y con sentido. Dicho de otro modo, por qué vemos una película con argumento donde solo hay puntos de luz reflejados en una pantalla. Espero que a lo largo de este libro encuentres la respuesta.

3

LA MENTE, CASA DE LA EXPERIENCIA

Es necesario hacer de la vida un sueño y del sueño una realidad.

—Pierre Curie

Todos tenemos una casa, un lugar que nos acoge y donde pasamos gran parte de nuestro tiempo. No importa que sea grande o pequeña, sencilla o lujosa, recién estrenada o necesitada de reformas: como quiera que sea, lo importante de una casa es que nos cobija de la intemperie ofreciéndonos un espacio seguro. Si la casa es el lugar donde vivimos, en sentido figurado también podríamos llamar así al ámbito general en que acontecen las experiencias de nuestra vida, porque es el escenario en que todas ocurren. Es decir, además de la casa que compraste o por la que todos los meses estás pagando un alquiler, siempre te encuentras en otra casa que no te ha costado nada adquirir, que está siempre ahí, contigo, y tú en ella, desde tu primer recuerdo.

A diferencia de tu casa material, esa otra casa no está construida con ladrillos, piedra o madera, sino con los millones de sensaciones y cogniciones de las que eres testigo y que se entretejen segundo a segundo hasta formar la trama de tu historia personal. Tu experiencia de la realidad está formada por lo que percibes, sientes, piensas e imaginas: esa es la casa de tu vida. ¿No se llama mente a la facultad de percibir, sentir, pensar e imaginar? Entonces esto significa que hagas lo que hagas y pase lo que pase, tu experiencia siempre tendrá forma mental. Porque la casa en que metafóricamente se desarrolla tu vida es la mente.

Cuando hablo de la mente como contexto o escenario global de la experiencia no la identifico con el cerebro ni con su actividad; de hecho, todo lo que sabemos del cerebro y de su funcionamiento también es mente. Que sea el ámbito donde tienen lugar todas las experiencias significa que diciendo mente no me refiero tampoco a solo una parte de ti, como suele hacerse a menudo llamando mente al supuesto componente no material de la persona ya que nada queda aparte. Te propongo que cuestiones la creencia de que tú y el mundo estáis separados, de que la vida transcurre fuera de ti, y que caigas en la cuenta de que eres inseparable de tu experiencia. Ese mundo aparentemente estable y objetivo, distinto de ti, solo existe cuando tú lo experimentas. Si comprendes esto entenderás en qué sentido la mente es la casa de tu vida.

Mientras que tu casa material terminó de edificarse antes de que entraras a habitarla, la casa de la mente está en continua construcción. Si algo la caracteriza es que cambia sin cesar. Cuanto percibes, sientes, piensas o imaginas son fenómenos, objetos de conocimiento que aparecen y se van. Ninguno de esos contenidos es permanente, sino que todos tienen un principio y un final, llegan y desaparecen. Aunque unos duren más que otros siempre hay un momento en que todos se extinguen.

Sabes de primera mano qué fugaces son las sensaciones y cogniciones que pasan por la mente. Difícilmente serías capaz de recordar las que tenías en pantalla hace una hora. Con solo cerrar los ojos y detenerte a observar durante unos instantes cómo fluyen los contenidos mentales comprobarás dos cosas: que son efímeros y además imprevisibles. Esto quiere decir que cuando dejas que la mente vague sus contenidos no los eliges tú. Parece como si al cerrar los ojos te asomaras a un mundo con existencia propia, que no obedece las órdenes de tu voluntad. Por supuesto, si quisieras pensar en algo concreto o elegir una imagen para fantasear con ella también podrías hacerlo, al menos hasta que aparecieran interferencias no esperadas. Y también se produciría un efecto paradójico si al proponerte ese ejercicio de observación durante un minuto te dijera que puedes pensar en cualquier cosa, salvo en rinocerontes. ¿Adivinas cuál sería el animal que más te vendría a la mente?

Por eso, cuando dejamos que la mente campe a sus anchas no somos los guionistas de su programación y nos vemos abocados a presenciar lo que nos ofrezca. Esto hace que nuestra relación con la casa de la mente sea peculiar: no podemos considerarnos plenamente dueños de la casa en que vivimos, pero sí que participamos en su mantenimiento.

Ya que no elegimos muchos de los elementos que integran nuestra experiencia, quizá lo más conveniente sea aprender a convivir con ellos de la mejor manera posible, evitando que se conviertan en fuente de sufrimiento y malestar. Este aprendizaje requiere en primer lugar detenerse a observar cómo te manejas en tu casa de la mente, cuál es tu relación con las sensaciones y cogniciones que la construyen. Partiendo de esa realidad concreta estarás en condiciones de descubrir la manera de vivir más a gusto en tu propia casa.

No deja de sorprender que debamos aprender a vivir en nuestra casa, pero lo cierto es que quizá nadie nos lo ha enseñado. Consideramos normal educar a los niños, desde bien pequeños, para que adquieran buenos modales, como, por ejemplo, usar los cubiertos para no mancharse las manos con la comida, no decir palabras soeces o cepillarse los dientes después de comer; en cambio, no se les enseña a gestionar sus emociones ni cómo comportarse cuando queden atrapados por molestos pensamientos recurrentes. Se necesita una auténtica higiene mental que habría que aprender ya de niños para evitar que, llegados a la edad adulta, la mente siga siendo la gran desconocida a pesar de tenerla siempre tan cerca.

Voy a contarte un sueño que tuve hace años y que se repitió varias veces, lo cual me dejó bastante intrigado porque si ya es difícil acordarse de lo que hemos soñado –aunque todas las noches soñemos–, que se repitiera el mismo sueño me pareció sorprendente. Esto fue lo que soñé:

> Estaba en mi casa. Pero la casa de mi sueño no se parecía a la casa en que vivo ni tampoco era una casa ideal, maravillosa, como la que a todo el mundo le encantaría tener. Se caracterizaba por su estrechez y falta de luz: era una casa muy pequeña, una especie de estudio con el espacio muy bien aprovechado, pero sin suficiente amplitud para moverse cómodamente. Recuerdo que sus muebles eran blancos, lo que aportaba algo de claridad a una estancia que apenas recibía luz natural a través de una angosta ventana desde la que solo se veía el edificio colindante. Un momento decisivo en el desarrollo del sueño fue cuando descubrí por casualidad que en la pared blanca del minúsculo cuarto de estar se camuflaba una puerta. ¿Cómo no me habría dado cuenta antes llevando tantos años viviendo en esa casa?
>
> Sin salir de mi asombro empujé la puerta y pasé al otro lado. Me encontraba en un espacio que era como una réplica de la casa ya conocida, aunque más grande. Tenía varias habitaciones, algunas incluso más amplias que las mías y me llamó la atención que estaban todas equipadas con muebles, armarios, ropa y demás enseres. De haberlo sabido antes, habría podido disfrutar también de esa nueva parte de la casa, más cómoda y luminosa. Sin embargo, lo bueno era que desde entonces ya

podría empezar a utilizar las dos partes de la vivienda. De repente, mi estrecha casa había dejado de serlo: ahora tenía dos cocinas, dos comedores, dos baños y el doble de habitaciones. Podría elegir entre guisar en mi cocina de siempre o en la de la parte recién descubierta; entre descansar en el estrecho cuarto de los muebles blancos o en el otro salón más confortable; entre dormir en mi habitación de todos los días o en cualquiera de las que tendría a mi disposición. Caí en la cuenta de que mi casa, en realidad, no era tan pequeña como yo pensaba porque las estancias que acababa de descubrir también me pertenecían, eran parte de ella. Si hasta entonces me había sentido incómodo viviendo en tan pocos metros cuadrados, era por creer que mi casa terminaba en sus paredes, ignorando que una de ellas escondía la puerta de acceso al otro lado.

Además, la parte recién descubierta recibía mucha luz natural; es más, el pasillo a cuyos lados se distribuían sus diversas estancias finalizaba en un enorme ventanal todo de cristal, que ocupaba una pared entera y desde el que se divisaba el exterior: primero un pequeño jardín y, a continuación, un espléndido paisaje que parecía no tener fin. Desde el ventanal se podía contemplar el cielo, las nubes, algunos árboles y el mar serenamente azul que se perdía en el horizonte lejano. ¡Qué sorpresa tan reconfortante! Terminé el sueño haciendo el camino de regreso a mi casa de siempre, sabiendo que en realidad no era más que solo una parte.

Hasta aquí mi sueño. Hay quienes tienden a interpretarlos de forma supersticiosa, atribuyendo a los sueños un significado general en función de su contenido. Por ejemplo, podrían decir que soñar que se sube por una escalera sería augurio de buenas noticias. Sin embargo, puede que no tenga el mismo sentido subir una escalera para el bombero que lo hace habitualmente en su trabajo que para una persona inválida que se desplaza en silla de ruedas y necesitaría la ayuda de otros para subir los peldaños. Una interpretación así no tiene fundamento, pues como afirmaba C. G. Jung "ningún símbolo onírico puede separarse del individuo que lo sueña, y no existe ninguna interpretación definitiva o directa de ningún sueño". Lo importante es descubrir qué representa ese sueño en el universo simbólico y asociativo de esa persona en particular. En mi caso, al recordar este sueño, siempre sospeché que era una invitación a explorar mi propia casa, no en la que vivo materialmente, sino la casa de la mente que es el escenario de mi experiencia. Porque a pesar de estar siempre en ella, quizá no la conocía lo suficiente.

II

EN EL CUARTO DE ESTAR

Un error fundamental del ser humano: pensar que está vivo, cuando meramente se ha quedado dormido en la sala de espera de la vida.

—Idries Shah

4

PIENSO, LUEGO SUFRO

¿Quién dice que la preocupación no ayuda? Claro que ayuda. ¡Cada vez que me preocupo por algo, no ocurre!

—Anthony de Mello

¿En qué sentido la casa de la mente, capaz de albergar todas nuestras experiencias, puede resultar estrecha e incómoda como lo era mi casa en el sueño que te acabo de contar? Para mí hay varias razones fundamentales que lo explican. La primera es que, aunque la mente contiene elementos muy variados, que nacen tanto de la percepción sensorial como de la actividad cognitiva, en la práctica y para la mayoría de la gente esta última tiene mucho más peso. Pregunta a alguien para qué sirve la mente y es muy probable que su respuesta sea: para pensar. Por supuesto que la mente piensa, pero esa no es su única función. Ese predominio de la mente pensante hace que muchos identifiquen mente con pensamiento, relegando a un segundo plano otras posibilidades que, aun siendo importantes, quedan infravaloradas.

Al depositar gran parte de nuestra atención en la faceta pensante de la mente priorizamos el uso de esa vertiente generadora de imágenes, recuerdos y verbalizaciones –lo que solemos englobar dentro del concepto de pensamiento– hasta convertirla en el modo preferente de experimentar la realidad. El problema es que el uso intensivo de las facultades cognitivas va en detrimento de lo sensorial. Con la propagación del uso de las nuevas tecnologías y la adicción que han creado los teléfonos móviles, tabletas y demás aparatos de conexión a internet, podemos afirmar que en la sociedad actual se ha acentuado la tendencia a vivir de la representación mental. Incluso a los niños de poca edad se les entretiene con esos aparatos, olvidando que, más que pantallas, lo que necesitan es descubrir el mundo interactuando con otros niños, correr, saltar, tocar los objetos con sus manos, dar y recibir abrazos y sonrisas no virtuales. Por desgracia, hoy más que nunca los seres humanos pensamos la vida mucho más que la vivimos. Si antes decíamos que la mente podía considerarse como el ámbito inclusivo de todas las experiencias que configuran la vida y la comparábamos con una casa, lo que sucede a menudo es que las personas nos limitamos a ocupar tan solo una pequeña parte de la misma. Imaginemos los primeros compases de un día cualquiera en la vida de una persona, a la que llamaremos Mario:

> Suena el despertador, que Mario se apresura a desconectar. No sabría decir cuál fue la primera sensación, el primer pensamiento que tuvo al despertarse. Se levanta perezosamente de la cama y entra en el lavabo. Se mira al espejo: no tiene buen aspecto. Debería haber descansado más. Recuerda lo que va a tener que resolver cuando llegue a la oficina. Abre la ducha; cuando el agua sale a la temperatura adecuada comienza a enjabonarse como de costumbre, mientras recuerda que, como hoy es martes, cuando salga de trabajar habrá de ir a recoger los niños al colegio. Siente que no le apetece; desearía que fuera otro día para poder ir a ver una exposición de pintura que

acaban de inaugurar. Después de la ducha se afeita; mientras desliza la cuchilla por su cara embadurnada de espuma, Mario no deja de pensar en los asuntos que dejó pendientes ayer en el trabajo y que, como es natural, le estarán aguardando cuando vuelva a sentarse en su despacho. Abrumado por sentimientos de temor que le producen malestar, enciende la radio para distraerse mientras termina su aseo.

Aunque a nuestro personaje lo hemos llamado Mario, tal vez podríamos ponerle nuestro propio nombre: ¿acaso su modo de proceder no se parece mucho al que habitualmente conocemos? En esa primera hora del día, Mario ha estado en diversos lugares: en la cama, saliendo de su habitación, en la ducha, en el cuarto de baño. Pero con su pensamiento ha estado en muchos más: en la oficina, en el colegio, en el museo... Y la visita a esos otros lugares lo que ha hecho ha sido desconectarlo de lo que de verdad estaba haciendo en cada momento. Por eso sería incapaz de recordar cuál fue su primer pensamiento o sensación al sonar el despertador, su desplazamiento del dormitorio al cuarto de baño estuvo envuelto en una nube de pensamientos negativos, mezcla del malestar por haber tenido que dejar la placidez de la cama y del anticipo de las dificultades a las que va a tener que enfrentarse durante el día que comienza; mientras su cuerpo estaba bajo la ducha, él ya estaba en la oficina y enseguida salía a recoger los niños del colegio...

Lo que le pasa a Mario le ocurre, en mayor o menor medida, a todas las personas: casi todo el tiempo funcionamos en piloto automático y solo cuando la ocasión lo requiere salimos de esa ensoñación para tomar conciencia de lo que estamos haciendo. Si pudiéramos medir qué parte del día estamos presentes y qué parte pasamos en piloto automático nos sorprendería comprobar el bajísimo porcentaje de tiempo en que estamos donde realmente estamos, con nuestros cinco sentidos, dándonos cuenta de la situación en que nos hallamos, de lo que vemos, oímos o hacemos.

Hasta cierto punto, todos vivimos bajo el imperio de la mente pensante. Se calcula que cada día tenemos alrededor de sesenta mil pensamientos, la mayoría de ellos automáticos. Pensar no es ningún problema, sino todo lo contrario; para muchos es la máxima expresión de lo humano, la más noble de nuestras facultades, que nos hace superiores al resto de los seres y nos sitúa en la cúspide de la evolución. Aunque pensar en principio es bueno, puede no serlo cuando degenera en bucles repetitivos de los que cuesta salir. Esta rumia puede abrir paso a estados de depresión y obsesiones que empeoran la calidad de vida de quien los sufre.

La capacidad de pensar está íntimamente ligada al lenguaje y, como este, es un rasgo que nos diferencia de las demás especies y nos otorga una ventaja para dominar el mundo y contribuir a su desarrollo. El lenguaje es el vehículo de la cultura: sin él no existirían las artes, la literatura, la ciencia ni la tecnología. Todas las ramas del saber se asientan en él. Pensar es un privilegio que nos distingue de otros seres, que también son capaces de sentir, percibir el mundo, moverse y actuar en su lucha por sobrevivir, pero que no han desarrollado esa capacidad de representarse la realidad en forma de pensamiento. El hombre, a diferencia de los animales, puede operar verbalmente con el mundo en que se halla.

Entronizando al pensamiento como rey de la mente, nos parece lo más natural definirnos ante todo como seres pensantes y que, en consecuencia, vivamos la realidad pensándola. Esta función pensante de la mente es lingüística por dos motivos. En primer lugar, porque tiene como soporte el habla interiorizada que mantenemos con nosotros mismos. En segundo lugar, aunque no menos importante, porque al pensar la realidad la transformamos en representación simbólica, de modo que manejamos los acontecimientos vitales igual que lo hacemos con las palabras que los nombran y describen. Por ejemplo, pensar en limones puede hacernos salivar y ver escrito el nombre de un animal que nos resulte repugnante provocarnos repelús.

Aplicamos una misma gramática a los hechos del mundo, a las impresiones que recibimos a través de los sentidos, a las cogniciones que elaboramos verbalmente e incluso a nuestros sentimientos más íntimos. Compruébalo por ti mismo: date cuenta de que tú también tiendes a juzgar lo que ves, comentando en tus adentros lo que te ocurre, y cómo te preparas para actuar o para evitar hacerlo dándote argumentos, muchas veces forjados por tus propios miedos y expectativas. De modo que lo que sucede en la vida, dentro y fuera de ti, es filtrado lingüísticamente.

La segunda razón que explica la aparente estrechez o falta de espacio en la mente es la manera en que nos relacionamos con sus contenidos, en especial con los pensamientos. Da la impresión de que no hay suficiente espacio porque tendemos a situarnos demasiado cerca de ellos, lo cual no solo significa prestarles mucha atención, sino sobre todo, creérnoslos. Aunque los pensamientos sean una elaboración lingüística, al vivir tan pegados a ellos olvidamos su auténtica naturaleza verbal, que solo son palabras.

La mente no deja de contarnos historias ni siquiera cuando soñamos mientras dormimos. El problema es creerte los pensamientos que aparecen en la mente como si te estuvieran diciendo la verdad. Desde luego que hay unos pensamientos que son ciertos y otros falsos, aunque la mayoría no son ni lo uno ni lo otro. Pero en definitiva lo que interesa es si son útiles para vivir la vida que quieres seguir, no si te dicen la verdad o son falsos, porque aunque un pensamiento sea verdadero no deja de ser más que eso: un pensamiento, o sea, palabras.

Hay que aprender a relativizar los pensamientos para no considerarlos ciertos por el hecho de tenerlos. Esto es algo que hacemos sin dificultad cuando escuchamos en televisión la crónica de algún suceso reciente; si cambiamos de canal comprobaremos que cada uno da su versión de lo ocurrido. Cómo se cuenta el suceso, qué detalles se enfatizan y cuáles se omiten o a qué comentaristas se les pide opinión sobre esos hechos variará en función de la emisora pues cada una tiene sus sesgos ideológicos y sus intereses. La objetividad plena no existe; cualquier crónica que se publique sobre un suceso estará condicionada, entre otros factores, por la línea editorial del medio o el personal punto de vista del profesional que transmita la información.

Si solo escuchas tu emisora favorita es probable que identifiques lo que digan con la verdad del suceso. Por tanto, una cosa son los hechos que ocurrieron y otra cómo nos los narran. Sin embargo, en relación con los pensamientos nos cuesta más distinguir los hechos de las historias que nos contamos sobre ellos y por eso con frecuencia las tomamos al pie de la letra, perdiendo de vista que no son más que un relato, basado en los hechos, pero filtrado y elaborado conforme a nuestros conocimientos previos, creencias y expectativas. Así se explica que les prestemos tanta atención y que nos comportemos asumiendo que lo que expresan es verdad.

Por lo general vivimos enganchados a nuestros pensamientos, lo cual significa que nos adherimos incondicionalmente a ellos olvidando que están formados por palabras. Y el problema de vivir tan cerca de los pensamientos es que terminas apropiándotelos. De considerar tuya la mente a convencerte de que los pensamientos también lo son hay solo un paso. Identificarte con los pensamientos significa perderte en ellos, ser incapaz de mantener una prudente distancia para verlos como lo que son y dejarte arrastrar adonde te lleven. Es creerte tus pensamientos, convenciéndote de que te están contando la verdad.

Creerte los pensamientos es vivir pegado a ellos, delegándoles las riendas de tu vida. Una vez te has identificado con lo que piensas, tus acciones serán las que te dicten los pensamientos. Tu conducta estará regida por ellos de forma casi automática porque no concebirás que sea posible actuar de otra manera. Al creerte los pensamientos les estás atribuyendo carácter de verdad. Sin embargo, aunque a veces sí lo hagan, no siempre te dicen la verdad. Más aún, puede que la mayoría de tus pensamientos no sean ni verdaderos ni falsos. Son palabras interiorizadas, que se encadenan formando historias que contienen juicios y opiniones sobre todo lo que acontece en tu vida y que modelan la actitud con que lo afrontas. Estas historias que hilvanan los pensamientos también se ocupan de lo que has de hacer en la vida, cuáles son tus valores y deseos, qué metas querrías alcanzar y cuál la estrategia para hacer realidad tus objetivos.

A veces damos demasiada importancia al contenido de verdad de nuestros pensamientos, cuando en realidad lo que más debería importarnos es si son útiles y nos ayudan a desarrollar la vida conforme a nuestros valores, es decir, si nos sirven para construir la vida que realmente queremos vivir. Aunque un pensamiento sea verdadero, si no te ayuda a caminar en la dirección que marcan los valores que han de gobernar tu vida, carece de utilidad. Recuerda cuántos teoremas estudiaste en la escuela: aunque es necesario conocerlos, que sean verdaderos no significa que vayan a tener una utilidad práctica para ti. En pocos lugares encontrarás juntas tantas afirmaciones verdaderas como en un libro de matemáticas, y sin embargo puede que muchas de ellas no hayas tenido que aplicarlas nunca. Te cuento una historieta que me hizo gracia cuando la leí:

> Una señora se presentó en una administración de lotería a pedir un boleto terminado en 51 para el próximo sorteo, en que estaba en juego un suculento bote. La fortuna le sonrió y el número que había elegido fue el ganador. Cuando volvió para cobrar el premio, el empleado que se lo había vendido recordó que aquella señora le había pedido con insistencia la terminación en 51 y sintió curiosidad por saber de dónde le había venido esa intuición. La señora le respondió: "Muy sencillo: durante siete días seguidos estuve soñando con el número siete, y como siete por siete son cincuenta y uno, estaba segura de que iba a ganar". Moraleja: los pensamientos falsos a veces también pueden ser útiles.

La buena noticia es que es posible dejar de vivir tan pegados a los pensamientos: se trata de situarte en una perspectiva desde la que puedas observarlos con cierto margen de distancia de manera que el espacio entre tú y ellos te permita verlos como las palabras que son. Esto requiere práctica pues se trata de revertir una tendencia que vienes alimentando desde tiempo atrás, pero merece la pena intentarlo.

Un sencillo ejercicio en esta línea sería acostumbrarte a ver tus pensamientos como tales. Por ejemplo, al aparecer un pensamiento que te indica "no voy a poder hacerlo", cambia la perspectiva si en su lugar dices "tengo el pensamiento de que no voy a poder hacerlo". ¿Te das cuenta de la diferencia? Haz lo mismo con los siguientes ejemplos y con los demás que se te ocurran:

- Todo me sale mal en la vida.
- No valgo para nada.
- Mi vecino no es de fiar.
- No le caigo bien a mi nuevo jefe.

¿Qué hay de cierto en estos pensamientos? Los dos primeros es imposible que sean verdad porque están formulados categóricamente. Puede que hayas tenido muchos fracasos en la vida, pero eso no quiere decir que todo te haya salido mal. Además, incluso cabe que alguno de tus fracasos haya sido la ocasión de evitar un mal mayor, por lo que en el fondo tampoco habría sido tan malo. Creer que no vales para nada es la excusa ideal para que ni siquiera intentes tareas que sí podrías hacer y hacerlas bien. Cuánto te puedas fiar de tu vecino lo descubrirás con el paso del tiempo y la convivencia, aunque es probable que sea de fiar en unas cosas más que en otras, igual que tú. Además, convencerte de que nunca merece tu confianza únicamente te llevará a rehuir su trato, con lo que quizá él también se mostrará más receloso y distante cuando te vea. Si crees que no le caes bien a tu nuevo jefe lo que sucederá es que quizá te comportes como si eso fuera cierto y cuando estés en el trabajo lo que digas, hagas o dejes de hacer se ajustará a lo que hayas interiorizado como propio de un empleado que no le cae bien a su jefe, con lo que puede que termines cayéndole realmente mal. En cambio, si comprendes que lo que a ti te parece una verdad incuestionable es solo una opinión no estarás condicionado por ella y podrás actuar en el trabajo como mejor sepas hacerlo, con independencia de cómo le caigas a tu jefe. Esto no garantiza que vayas a caerle bien, pero al menos te liberará de un prejuicio que no te sirve para nada.

Este ejercicio es especialmente recomendable para desactivar el efecto negativo de las preocupaciones que a menudo revolotean por tu cabeza como una música de fondo que te impide disfrutar de la vida. Por lo general son pensamientos que versan sobre el futuro y pueden ser más o menos fundados; en cualquier caso, solo son pensamientos, y eso es lo que nunca habría que perder de vista. Aquí tienes algunos ejemplos:

- Voy a suspender el examen.
- Este dolor que siento en el abdomen me está avisando de una enfermedad grave.
- Los tipos de interés van a subir tanto que no podré pagar la hipoteca de mi casa.
- Cuando lleguemos al apartamento de la playa podríamos encontrar okupas dentro.

El fundamento de estas preocupaciones puede ser variable. Si no has estudiado lo suficiente o has dejado de contestar a demasiadas preguntas es bastante razonable que esperes suspender el examen. Quizá no lo sean tanto los demás ejemplos. Pero, con independencia de lo justificados que estén esos temores, lo que en realidad te preocupa es el pensamiento que no te deja en paz, más que las temidas situaciones hipotéticas en sí porque todavía no se han confirmado. Como casi todo el mundo, tú también podrías decir que en tu vida hay muchas cosas horribles, la mayoría de las cuales nunca llegan a suceder. A veces, lo peor que nos pasa en la vida son nuestros pensamientos negativos: ellos son los que de verdad nos hacen sufrir.

Así, sustituyendo el pensamiento "voy a suspender el examen" por "tengo el pensamiento de que voy a suspender el examen" creas la condición para no quedar atrapado por él, ya que aprendes a verlo como lo que es: pensamiento, palabra interiorizada. No pretendo insinuarte que debas reemplazar esta clase de pensamientos por sus opuestos, que en lugar de pensar "voy a suspender el examen" te digas "voy a aprobarlo". Porque la finalidad de este ejercicio no es suprimir los pensamientos molestos o preocupantes, autoengañándote para sentir alivio. No se trata de dejar de pensarlos; si te vienen, que vengan, pero no te los creas. Date cuenta de que son palabras nada más y que tan pensamientos son los optimistas como los pesimistas. Ahora bien, suele ocurrir que al tomar cierta distancia respecto de ellos y viéndolos como palabras inofensivas, pierden fuerza y se afloja el nudo con que te aprisionaban, de modo que vivirás más tranquilo. Es decir, el alivio puede producirse, pero no porque sea este el objetivo del ejercicio sino como un efecto secundario de practicarlo con asiduidad.

Lo importante es saber ver la diferencia entre los hechos y los pensamientos. Ante un dolor sospechoso de una enfermedad grave no habría que dejarse envolver por la atmósfera de preocupación que creas repitiéndote machaconamente "puedo tener una enfermedad incurable", sino reconocer que eso es solo un pensamiento disparado por tu miedo a la incertidumbre y buscar la ayuda médica para salir de dudas. Lo malo de las preocupaciones es que te acostumbres a revolcarte en ellas, en lugar de verlas como lo que son y dar los pasos pertinentes en la dirección que corresponda. Y otro tanto podría decirse de los demás ejemplos. Cuando se confirme la subida de los tipos de interés será el momento de calcular si puedes hacer frente a la deuda y buscar la mejor manera de hacerlo. Si al llegar al apartamento de la playa lo encuentras ocupado, entonces tendrás que cursar la oportuna denuncia y esperar que la policía lo desaloje e ingeniártelas para prevenir que se repita ese problema, empezando tal vez por instalar una alarma. Con esto quiero indicarte que mientras tus preocupaciones no sean más que pensamientos no deberían preocuparte como si fueran hechos que ya han acaecido, pero cuando lo que te preocupe sean eventos reales, entonces será la hora de actuar; eso sí, partiendo de la aceptación –por dolorosa que sea– de que lo que ha pasado ya no se puede cambiar.

Aunque ya habrás comprobado que un pensamiento suele llamar a otro porque la mente tiende a formar racimos con ellos, termino este capítulo con una simpática historieta que alguien me contó, ambientada en la España de finales de los setenta del siglo pasado, cuando aún existía el servicio militar obligatorio –familiarmente conocido como *la mili*– y se realizaba un sorteo en que algunos pocos quedaban excluidos de alistarse a filas y a los demás se les asignaba un destino. Esto es lo que pasaba por la cabeza de un muchacho, preocupado por su futuro, que estaba a punto de entrar en ese sorteo:

> ¿Qué puede pasar: que me toque ir a la mili o que en el sorteo salga excluido? Si me libro, estupendo; lo malo sería que tuviera que ir: ¡eso sí que sería un problema! Aunque, pensándolo bien, si me toca hacer la mili, ¿qué puede pasar: que me envíen a un destino cerca de casa o que me manden al otro extremo? Si me toca en la Península no me preocupa porque podría ver a mi novia y a mi familia con frecuencia; lo malo sería que me enviaran al norte de África: ¡eso sí que sería un problema! Aunque, pensándolo bien, si me envían al norte de África ¿qué podría pasar: que haya guerra con Marruecos o que no la haya? Si no hay guerra, un año se pasa rápido y sería llevadero; lo que realmente me preocupa es que hubiera guerra: ¡eso sí que sería un problema! Aunque, pensándolo mejor, si hubiera guerra, ¿qué podría pasar: que me enviaran al frente o que me asignaran labores burocráticas y sin riesgo en la retaguardia?

> Si no estoy en la primera línea de fuego tampoco me preocupa; lo malo sería tener muy cerca al enemigo: ¡eso sí que sería un problema! Aunque pensándolo bien, si estuviera combatiendo en el frente, ¿qué podría pasar: que sufriera alguna herida o que saliera ileso? Si a fin de cuentas vuelvo de la guerra sano y salvo no habría problema; lo malo sería que cayera herido: ¡eso sí que sería un problema! Aunque, pensándolo bien, si solo tengo heridas leves y me curo, tampoco pasaría nada; lo malo sería que me muriera: ¡eso sí que sería un problema! Aunque pensándolo mejor, ¡entonces sí que se habrían acabado todas mis preocupaciones!

Como ves, la mente es experta en fabricar argumentos para no dejarte tranquilo. Si le sigues el juego, caerás en sus redes y te perderás navegando por una interminable sucesión de preocupaciones sin salida. Con este libro espero ofrecerte pistas para no quedes atrapado en esa madeja y disfrutes de la vida. La metafórica casa de la mente parece estrecha porque la habitamos en modo pensante, que es como si nos acostumbráramos a pasar casi todo el día en un rincón de la sala habiendo espacio suficiente para estar más cómodos.

5

VIVIR A LA CARTA

No hay que tener miedo de la pobreza, ni del destierro, ni de la prisión, ni de la muerte. De lo que hay que tener miedo es del miedo mismo.

—Epicteto

La mente, entendida como casa de nuestra experiencia, es mucho más amplia de lo que parece cuando vivimos pegados a los pensamientos. Pero convertir este modo pensante en la forma por defecto de estar en el mundo no es la única causa de su aparente estrechez. También se reduce el espacio en que se desarrolla nuestra vida en la medida en que evitamos tener determinadas experiencias.

De lo que percibimos o pensamos, hacemos o nos pasa durante el día no todo nos afecta por igual. Hay pensamientos, sensaciones y acontecimientos que nos resultan indiferentes y por eso no dejan una huella emocional que lleve a conservarlos en la memoria ni influyen en nuestra conducta o en las decisiones que tomamos en la vida. Sin embargo, hay otros que sí producen ese impacto.

Al tomar conciencia de una percepción o idea tendemos a juzgarlas en función de la atracción o rechazo que inspiren. Por supuesto que esa dimensión valorativa no se aplica siempre sino sobre todo cuando lo que estamos experimentando tiene relevancia para nosotros por estar vinculado a nuestra supervivencia o bienestar. Que algo nos guste o no dependerá de lo importante que nos parezca así como de muchos otros factores, tanto hereditarios como personales y culturales o sociales. Imagínate que estás recién llegado a un país exótico y te ofrecen para comer un plato típico de aquel lugar pero que tú no has probado nunca ni sabes cuáles son sus ingredientes. ¿Cómo reaccionarías?

La regla principal por la que nos regimos consiste en acercarnos a lo que nos gusta y alejarnos de lo que nos desagrada. Parece ser una elemental norma de supervivencia. Si paseando por un bosque viéramos aparecer una fiera peligrosa lo normal sería que dejáramos de caminar en dirección hacia la fiera y tomáramos otro camino, huyendo en dirección contraria o subiéndonos a un árbol donde no pudiera hacernos daño. Saber reaccionar con prontitud ante un peligro semejante puede salvarnos la vida. Sin embargo, tal vez estamos aplicando esa misma estrategia o patrón de comportamiento frente a situaciones poco o nada peligrosas.

Y aquí radica el problema: en evitar determinadas experiencias por temor a sufrir un daño sin base real, que solo existe en nuestra imaginación. Por ejemplo, a muchas personas les da miedo hablar en público, lo cual puede motivarlas a no hacerlo. Sin embargo, analizándolo bien, ¿a qué peligro se enfrentarían? Salvo que lo que dijeran fuera gravemente ofensivo para el auditorio y pudiera provocar una reacción violenta, el único peligro de aceptar la invitación a pronunciar unas palabras con un micrófono es que se imaginan sintiéndose mal. Pasarlo mal es el peligro que, más o menos conscientemente, tratamos de conjurar cuando optamos por callar lo que de verdad querríamos decir o por eludir algo que sabemos que deberíamos hacer;

en definitiva, cuando modificamos nuestra conducta para esquivar las molestas sensaciones que supuestamente se producirían.

Las sensaciones desagradables que no queremos experimentar a veces aparecen por sorpresa, como el dolor cuando te golpeas un dedo con el martillo al intentar clavar un cuadro en la pared. Pero también pueden estar asociadas a situaciones ya conocidas porque las has vivido antes y que te provocaron un malestar que aún recuerdas. Por ejemplo, si te mareaste la primera vez que subiste a la montaña rusa en un parque de atracciones es probable que no repitas. En ese caso, como no estás obligado a hacerlo ni hay necesidad de exponerte al mareo, no pasa nada porque no vuelvas a subirte a una montaña rusa. Distinto es cuando evitas enfrentarte a situaciones porque crees que te provocarán malestar. Es lo que ocurre, por ejemplo, cuando te abstienes de hacerle un comentario a alguien porque crees que se va a enfadar contigo o cuando decides no entrar a comer en tu restaurante favorito por temor a encontrarte allí con tu expareja. Evitar experiencias porque anticipamos con la imaginación el malestar que podrían acarrearnos es un comportamiento muy frecuente, que puede ser limitante si se convierte en un patrón habitual de conducta. De hecho, la evitación está presente en bastantes trastornos psicológicos, como la depresión o la ansiedad.

Sin embargo, un inconveniente de la evitación es que emplearla como estrategia para no sentirte mal no siempre da resultado, porque es posible pasarlo peor dejando de hacer algo que haciéndolo. En muchos casos se experimenta menos malestar después de afrontar una situación temida que evitando exponerse a ella. Quizá tú también hayas comprobado al intentar algo que antes te daba miedo que, como suele decirse, el león no es tan fiero como lo pintan. Lo que más cuesta es atreverse a dar el paso, pero así es como se superan las fobias: cuanto más te aproximas al estímulo temido, menos miedo te provoca, hasta que finalmente se extingue.

La evitación suele ser por tanto una consecuencia de creerte los pensamientos y actuar a su dictado. Dando por cierto el escenario catastrofista que te presenta la imaginación cuando vas a emprender una tarea, lo normal será que prefieras no intentarlo si no estás dispuesto a asumir ese riesgo. Entonces, si te invitan a participar en una carrera solidaria de ayuda contra el cáncer, podrías pensar que tal vez harás el ridículo porque estás desentrenado, que vas a pasar demasiado calor o que te daría mucha vergüenza que tus vecinos te vieran salir por la escalera en pantalón corto. Si esto es todo lo que piensas, seguro que no irás. Ahora bien, también cabe que tengas pensamientos en la otra dirección como que, aunque llegues el último, lo importante es participar, que no está mal pasar un poco de calor por una buena causa o que el otro día tus vecinos estaban en la terraza tomando el sol en bañador sin preocuparse porque los vieras. Entonces, dependiendo del peso que tengan para ti esos pros y contras decidirás ir a la carrera o quedarte en casa.

A las emociones les aplicamos la misma lógica que a los objetos y personas con que nos relacionamos: nos acercamos a los que nos gustan, pero nos alejamos si nos desagradan. El catálogo de emociones es muy amplio, aunque las principales son el miedo, el enfado, la alegría, la tristeza, la sorpresa y el asco. La naturaleza no hace las cosas porque sí: todo tiene una razón de ser. Si hemos desarrollado más habilidad con los dedos de las manos que con los de los pies es porque desde hace siglos los venimos utilizando mucho más; es de esperar que se siga afinando el tacto en las yemas de los dedos por ejercitarlo a diario con las pantallas de móviles y tabletas electrónicas, cada vez con mayor precisión. Con las emociones ocurre algo semejante: si ante determinadas situaciones experimentamos rabia, tristeza, miedo o alegría es porque cumplen alguna función, aunque quizá cueste más descubrirla en unas emociones que en otras. No es tan sencillo entender para qué sirven la vergüenza o la culpa que el miedo, que es claramente adaptativo porque nos protege frente a un peligro preparándonos para huir de él o para combatirlo.

Las emociones, por lo general, surgen por un hecho significativo –de origen interno o externo– y predisponen para acercarnos o alejarnos del desencadenante en función de que lo evaluemos como bueno o malo. Además, la experiencia de la emoción se acompaña de ideas y palabras que nos decimos interiormente y con las que damos sentido a las sensaciones o cambios físicos que se notan en el cuerpo.

Para casi todo el mundo las emociones se dividen en dos clases: las buenas, que hay que fomentar, y las malas, que hay que suprimir o evitar. De este modo valoramos las emociones con el mismo criterio con que distinguimos las comidas, los lugares, las personas o las tareas que nos gustan de las que nos causan rechazo. Las primeras son las que consideramos emociones positivas y, al igual que ocurre con el resto de cosas a las que atribuimos esa característica, tendemos a apegarnos a ellas, mientras que procuramos tener poco contacto con las emociones negativas.

Es frecuente que muchas personas que acuden a la consulta de un psicólogo verbalicen su malestar diciendo: "No quiero sentirme así". La experiencia de una emoción negativa, percibida en forma de sensaciones desagradables, les impulsa a escapar de ella; preferirían sustituirla por otra positiva o que al menos desapareciera la que tienen. La consecuencia de etiquetar las emociones como buenas o malas es que nos gustaría vivir solo las agradables y para conseguirlo habremos de cerrar la puerta cuando asomen las otras. De este modo se reduce el ámbito o escenario de la experiencia, o lo que es lo mismo, se estrecha la casa de la mente, donde no todas las emociones son bienvenidas.

Sin embargo, es una utopía soñar con no experimentar emociones negativas; no solo no es posible, sino que tampoco sería saludable. Las emociones negativas son tan necesarias como las positivas, igual que para jugar una partida de ajedrez hacen falta piezas blancas y negras; si todas fueran del mismo color no habría partida. Entiendo que te cueste más aceptar los distintos colores de tus emociones que los de las piezas del ajedrez. Pero quizá haya habido circunstancias en tu vida en que emociones aparentemente malas también fueron útiles y a la larga provechosas. Así, ante la muerte de un amigo o de un familiar es natural sentirse triste. Sin embargo, esa tristeza que en un primer momento parece debilitarte tiene la capacidad de hacerte más fuerte para reorientar tu vida, enseñándote cosas que, de no haber experimentado la tristeza no habrías aprendido. En palabras del poeta Pablo Neruda, "hay heridas que en vez de abrirnos la piel nos abren los ojos".

Evitamos las emociones desagradables igual que evitamos enfrentarnos a las situaciones temidas; de hecho, si algo nos inspira miedo es porque creemos que nos producirá emociones negativas, de manera que, en el fondo, toda evitación lo es de una emoción negativa, presente o futura. Frente a la evitación de emociones desagradables la solución es aceptarlas. La aceptación no implica que la tristeza no vaya a ponernos tristes o que sentir miedo nos produzca placer. Aceptar la emoción desagradable quiere decir simplemente dejarle espacio, recibirla en la casa de nuestra experiencia vital.

Muchas de las cosas que nos pasan no dependen de nosotros y lo mejor que podemos hacer entonces es aceptarlas, que no significa conformarse a regañadientes ni renunciar a hacer lo que esté en nuestras manos para mejorar la situación después de haberla aceptado. Es lo que propone la conocida oración de la serenidad, que se atribuye a Reinhold Niebuhr[1]: "Dios, concédeme la serenidad para aceptar las cosas que no puedo cambiar, el valor para cambiar las cosas que puedo cambiar y la sabiduría para conocer la diferencia".

Las emociones nos igualan a todos los seres humanos, pues todos las experimentamos del mismo modo. Forman parte del *software* con que nacemos, heredado de nuestros antepasados, y aunque sus desencadenantes no sean los mismos –hasta que se generalizó su uso, nadie sufría ansiedad por salir de casa sin un teléfono móvil–, sí lo son las manifestaciones psicosomáticas y la reacción que provocan.

1. Teólogo, filósofo y politólogo estadounidense (1892-1971).

Son un patrimonio común que nos pertenece por el hecho de ser hombres, con independencia de la cultura en que hayamos crecido. Sin embargo, cada sociedad puede transmitir a sus miembros ciertas consignas, condicionadas culturalmente, que tal vez no les ayuden a una gestión sana de sus emociones. Por ejemplo, interiorizar aquello de que "los hombres no lloran" puede ser fuente de represión y contribuir a que la emoción que se pretendía suprimir se transforme en otra más nociva.

Como fenómenos naturales que son, lo mejor es dar cabida a todas las emociones, sin rechazar las que nos parezcan desagradables o indignas de nuestra condición personal o social. Permítete estar triste o alegre cuando sea la ocasión, experimentar rabia frente a las injusticias o sentir miedo cuando un peligro amenace tu vida. Hazles espacio en tu casa.

Ahora bien, permítete todas las emociones, pero sin aferrarte a ninguna. A fin de cuentas, ninguna emoción viene a tu casa para quedarse. Por eso hay que saber observarlas en su fluir, sin malgastar energía en combatir o evitar las desagradables, que causan malestar y son fuente de sufrimiento. Sin embargo, el malestar solo se convierte en sufrimiento cuando nos resistimos a la emoción que lo provoca. Podríamos decir que hay un nivel de malestar natural asociado a la experiencia de la emoción, pero que ese malestar degenere en sufrimiento dependerá del grado de resistencia que opongamos a la presencia de esa emoción. Cuanto más espacio le creemos menos nos oprimirá, mientras que cuanto más luchemos por impedirla, más aumentaremos el sufrimiento. Las emociones desagradables no aceptadas tienden a cronificarse; en cambio, si las aceptas reduces su capacidad de hacerte daño.

A veces no somos conscientes de cuánto contribuimos a nuestro propio sufrimiento intensificando las emociones desagradables. Es lo que ocurre al alimentar nuestro discurso interior con mensajes como "¿por qué tiene que pasarme esto a mí?"; "ojalá me sintiera de otro modo"; "no quiero ser así"... Como las emociones están muy relacionadas con lo cognitivo también les influye lo que pensamos sobre ellas, cómo las juzgamos y qué nos decimos mientras las estamos experimentando. La recomendación para convivir con las emociones desagradables es conectar directamente con ellas, en lugar de creerte a pie juntillas lo que tus pensamientos te digan. El contacto directo con la emoción evita la distorsión producida por tu diálogo interno, algo similar a lo que sucede cuando al encontrarnos con una persona de la que nos habían hablado muy mal, dejando a un lado ese prejuicio, le damos la oportunidad de que se muestre como realmente es.

Juzgando las emociones como buenas o malas, en función de lo agradables que resultan, impide verlas como lo que de verdad son: una corriente de sensaciones e impulsos que localizas en tu cuerpo y que van cambiando con el transcurso del tiempo. De la misma manera que la fusión con los pensamientos se vence aprendiendo a verlos como creación verbal, el apego a las emociones agradables y la evitación de las desagradables disminuye cuando comprendes que tanto unas como otras son transitorias y que tarde o temprano se desvanecerán como las nubes que arrastra el viento.

Puedes hacer el siguiente ejercicio cuando experimentes una emoción que te incomode. Se trata de observarla, no de pensar en ella. Empieza tomando conciencia de las sensaciones que observas en el cuerpo, dándote cuenta de que ese es el idioma en que te está hablando la emoción. Inspira y espira con atención como si al respirar le estuvieras haciendo sitio a la sensación. Permanece unos instantes dejando que la sensación esté ahí, permitiéndote experimentarla, aunque no te guste. Aceptándola simplemente ya estás más cerca de su fin, porque como todas las emociones, también esta pasará.

Es bastante habitual creer que podemos modificar nuestras emociones de la misma manera que regulamos el volumen de un altavoz girando una ruedecita. Pero no tenemos el control sobre nuestras emociones ni para que surjan ni para cambiarlas, o sea, que de nada sirve decirle con una palmadita en la espalda a una persona deprimida: "Anímate, hombre". ¿Cómo debería manipular su estado de ánimo para lograrlo? ¿Acaso hizo algo para estar triste? En cambio, lo que sí está en nuestras manos son los actos que realizamos. Porque salvo aquellos que se disparan instintivamente, como el reflejo de cerrar los ojos al estornudar, tenemos cierto control sobre ellos. Por eso, en vez de esforzarnos por cambiar nuestras emociones, suprimiendo las desagradables, deberíamos centrarnos en las acciones que llevamos a cabo. Lo interesante es que el cambio en nuestra conducta probablemente modificará esas emociones, como sería el caso de una señora que, llevando semanas recluida en casa por la muerte de su esposo, al salir un rato para pasear o charlar con sus amigas empieza a encontrarse mejor.

La gente parece asumir también que las emociones son las que controlan sus acciones. Por eso encontramos coherente que una persona diagnosticada de depresión diga: "Llevo días sin salir de casa porque estoy deprimida". Otra cosa es que eso sea cierto. ¿Por qué habría que descartar que también sea verdad –incluso más– esa misma frase pero al revés: "Llevo días deprimida porque no salgo de casa"? Las emociones no tienen el control de tu comportamiento. Por muy extendida que esté esa creencia, no deja de ser una ilusión, similar a la que todos compartimos al decir que el sol sale por el horizonte, aunque sabemos que lo hace aparecer el movimiento de la Tierra. Es verdad que las emociones generan una tendencia a actuar de determinada manera, pero no te fuerzan a hacerlo. Puedes sentir miedo por tener que hablar en público y, sin embargo, dar una conferencia; o sentirte hundido y sin ganas de salir porque acaban de despedirte del trabajo y a pesar de eso, ir al gimnasio o quedar con tus amigos. Es decir, aunque la emoción te indique una dirección en la que ir, tú puedes elegir la contraria.

Por ello, igual que vivimos pegados de los pensamientos atribuyéndoles credibilidad, también podemos identificarnos con las emociones si al sentirlas reaccionamos automáticamente en la dirección hacia la que apuntan. Bastará con advertir ciertas sensaciones para que se dispare una respuesta inmediata en forma de huida, paralización o lucha, según de qué emoción se trate. Como en el caso de los pensamientos, la reacción automática ante una emoción demuestra también que te la crees y la haces tuya. Si fueras el actor que está representando en el escenario a un personaje que se enfurece al recibir una mala noticia, sabrías que tu enfado no es real, que estás actuando: no te creerías tu emoción porque sabrías que se produce como parte de una ficción. Pero como se trata de tu vida y no de una obra de teatro que estés representando, te tomas en serio los pensamientos y emociones que experimentas, convirtiéndolos en la única verdad de ese momento. Así te quedará poco margen para actuar o abstenerte de hacerlo buscando lo que para ti es valioso en la vida si para ello has de contradecir a tus pensamientos o ir en otra dirección que la sugerida por la emoción que estás sintiendo.

Una buena estrategia para tomar distancia de las emociones desagradables consiste en cambiar la perspectiva desde la que eres consciente de los pensamientos que las acompañan y agudizan. La clave está en no identificarte con ellos, igual que aprendimos a hacer en el capítulo anterior para afrontar las preocupaciones. Si te notas cansado y sin ganas de hacer nada y te asedian sentimientos de tristeza es probable que lo expreses diciendo "estoy deprimido", con lo que asumes ser el dueño de tus síntomas, aunque ya sabes que se ajustaría más a la realidad si dijeras "tengo el pensamiento de que estoy deprimido". En cuanto a los síntomas que detectes en el cuerpo o en tu estado de ánimo podrías también observarlos en presente y verbalizarlos de forma no tan personal: "estoy sintiendo tristeza (o hay tristeza)" en lugar de "estoy triste". Así no te los apropias; podrán estar todo lo cerca de ti que quieras, pero tú no te identificas con ellos. La realidad en que te hallas es la misma, por supuesto, lo que cambia es tu interpretación.

Esta técnica puede servir para desactivar otras emociones negativas al enseñarte a verlas como las sensaciones o pensamientos que son y evitar que te adhieras incondicionalmente a ellas y las tomes por guía de tu comportamiento. Por ejemplo, en un arrebato de ira, es más peligroso considerar como un hecho el pensamiento de "no voy a poder controlarme" que transformarlo en una opinión: "tengo el pensamiento de que no voy a poder controlarme". El problema de no despegarte de los pensamientos y emociones es que terminas reaccionando automáticamente y sin libertad; por eso es útil el truco de contar hasta diez antes de responder cuando estamos muy enfadados, pues sirve para crear un margen de seguridad mientras la emoción pierde su efervescencia.

6

MENTE PENSANTE, MENTE PARLANTE

Los científicos dicen que estamos hechos de átomos, pero a mí un pajarito me contó que estamos hechos de historias.

—Eduardo Galeano[1]

Sabemos por experiencia que la mente es enemiga de la quietud, pues siempre está ocupada con algún contenido, sensación o cognición. Si fuera la pantalla de un televisor, se diría que nunca deja de emitir señal. En este sentido la mente se asemeja al viento, que surge cuando se producen corrientes de aire, pero que no existiría si ese movimiento se detuviera. De igual modo que conocemos que hay viento porque notamos su actividad agitando las copas de los árboles, retumbando en los cristales de la ventana o empujándonos con fuerza al ir por la calle, nos damos cuenta de la mente porque tomamos conciencia del flujo de sus contenidos. Aunque a veces se hable de quietud o silencio mental, habría que entenderlo en sentido figurado, porque lo que define a la mente son sus contenidos, siempre transitorios y en movimiento. Una mente en silencio total no sería

1. Escritor uruguayo (1940-2015).

mente. Tampoco las olas del mar están quietas del todo. Por eso, más que como una realidad estática y permanente, es preferible entenderla como una función con diferentes niveles de activación.

La mente es amiga de la novedad y del cambio. En la siguiente figura[2], mirando con atención el primer cubo se produce un efecto óptico interesante ya que parece que se va moviendo al percibirse alternativamente los dos cubos que se muestran debajo. Es decir, fijando la atención se percibe una de las dos posiciones posibles, pero pasados unos segundos se empieza a ver el cubo en la otra posición y si permanecemos más tiempo mirándolo, la atención irá oscilando entre ambas.

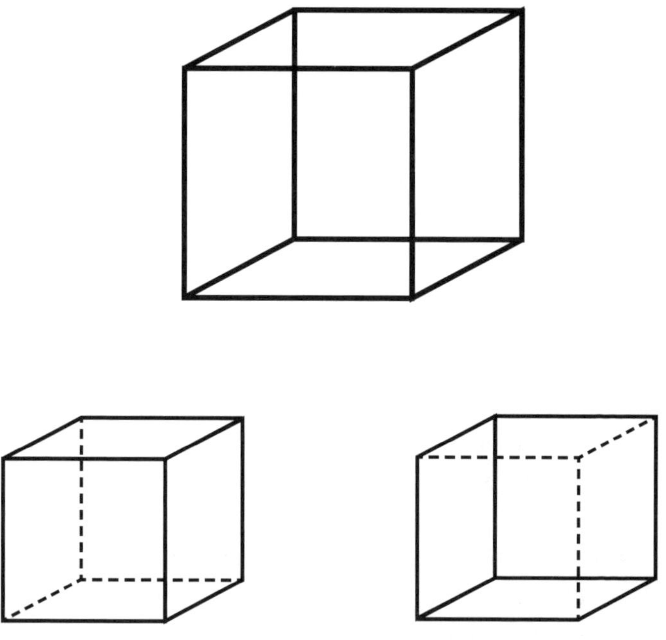

2. Cubo de Necker.

Este efecto corrobora la tendencia de la mente a no estar quieta e indica cómo al procesar toda la información disponible en el ambiente se reajusta el foco detectando novedades. Se comprende que explorar todas las posibilidades presentes en una situación es una buena estrategia de supervivencia, porque permite reaccionar a tiempo ante estímulos potencialmente peligrosos.

Como lo propio de la mente es estar siempre ocupada, cuando no tenemos una tarea concreta que realizar, divagamos. Y mientras realizamos una acción rutinaria, que no exige que extrememos la atención en lo que estamos haciendo, se generan espontáneamente infinidad de pensamientos e ideas sin conexión ni orden, que saltan de un tema a otro. En el budismo se habla de *mente de mono* para referirse a esa experiencia porque recuerda el movimiento rápido e imprevisible de los monos que van saltando de rama en rama. Es fácil que nos pase a diario en infinidad de situaciones como, por ejemplo, en la ducha, al cepillarnos los dientes o esperando el autobús. Estos tiempos de vagabundeo son el modo de funcionamiento por defecto de la mente y ocupan muchas de las horas que permanecemos despiertos.

Fijándonos con más detalle en lo que pasa por la mente en esos momentos observamos abundante material insustancial, hojarasca de imágenes y pensamientos automáticos sin sentido, que no hemos buscado conscientemente. Suelen predominar pensamientos negativos relacionados con los problemas que nos preocupan y que muchas veces expresan conflictos personales no resueltos con la familia o en el trabajo. Muy a menudo remiten al pasado, mediante sentimientos de culpa, remordimiento o vergüenza o nos proyectan al futuro, en forma de temores sobre desgracias o fracasos que podríamos sufrir. Por eso algunos psicólogos[3] que lo han estudiado concluyen que ese sesgo negativo del contenido de nuestras divagaciones mentales estaría relacionado con el sentimiento de infelicidad. ¿Será por eso que

3. M. Killingsworth y D. Gilbert, "A wandering mind is an unhappy mind", *Science*, nº 330, noviembre de 2010, pág. 932.

recordamos como los mejores instantes de la vida aquellos en que estuvimos plenamente presentes con los cinco sentidos bien despiertos y no los que pasamos inmersos en el vagabundeo mental?

¿Quién le dice al mono de tu mente de qué ramas se ha de colgar? Es ingenuo creernos dueños de nuestros pensamientos pues su origen escapa de nuestro control. Ahora bien, los contenidos que aparecen en escena mientras divagamos suelen estar conectados por alguna relación, aunque muchas veces no la establezcamos de forma consciente, por lo que nos da la impresión de que las imágenes y pensamientos se suceden sin orden lógico. La mente funciona de forma asociativa, relacionando fragmentos de información de experiencias previas almacenadas en la memoria, y cuando lo hace, va por libre, así que ni te consideres propietario del mono de tu mente ni intentes domesticarlo.

No obstante, permitir que la mente campe a sus anchas también reporta algunos beneficios. Por ejemplo, la actividad mental cuando no estamos concentrados en nada en particular sirve para consolidar recuerdos en la memoria, pues la divagación ayuda a reactivarlos y a fijar lo que se recordará más tarde. En este proceso desempeña un papel decisivo el hipocampo, estructura cerebral clave para la memoria y que madura hacia los tres o cuatro años de edad, lo que explica por qué no tenemos recuerdos anteriores a ese tiempo.

Además, desde el punto de vista fisiológico, el cerebro aprovecha esos períodos en que no hay que atender a ninguna tarea concreta, espacios de ocio o de no hacer nada, para deshacerse de los subproductos metabólicos tóxicos que genera. Recordemos que el cerebro consume mucha energía – casi una cuarta parte de la glucosa del cuerpo– por lo que produce desechos que hay que eliminar. Estos residuos son evacuados por las células gliales, que forman una red de conductos que rodea los vasos sanguíneos del cerebro por los que circula el líquido cefalorraquídeo, que arrastra los residuos neuronales y los incorpora a la sangre.

Así mismo, dejar que la mente vague favorece la creatividad y el hallazgo repentino de soluciones a problemas que con la reflexión concienzuda no seríamos capaces de resolver. Arquímedes, por ejemplo, no descubrió el principio que lleva su nombre trabajando pacientemente en un laboratorio sino por casualidad, mientras se bañaba. También el químico alemán August Kekulé consiguió describir la estructura molecular del benceno en forma de anillo después de soñar con una serpiente que se mordía la cola. En la historia de las creaciones artísticas abundan testimonios de cómo muchas de ellas nacieron de un chispazo de intuición surgido en momentos de ocio o de no dedicación formal a un trabajo creador o de estudio; lo cual no significa que, para que la obra se hiciera realidad, no fuera necesario el esfuerzo del artista, a veces muy intenso y duradero, como bien indica la conocida expresión de que el genio es 1% de inspiración y 99% de transpiración. Quizá también tú recuerdes experiencias similares de haber encontrado la respuesta a algún problema aparentemente irresoluble nada más despertar del sueño o en un momento de distracción, cuando no estabas focalizado en resolverlo.

William James denominaba corriente de la conciencia a ese estado pasivo de la mente en que de forma espontánea aparecen cogniciones y que los budistas identifican como mente de mono. Aunque cabría esperar que en esa circunstancia el cerebro estuviera en reposo porque no se dedica a ejecutar ninguna tarea, los investigadores descubrieron lo contrario: hay regiones cerebrales que incrementan su actividad respecto de la que presentan cuando la atención se centra en realizar una tarea. Además, es llamativo que el cerebro consuma solo un cinco por ciento menos de energía cuando no hace nada que al implicarse en una tarea externa que exija atención. Por eso, después de este hallazgo es inexacto decir que el cerebro no hace nada, porque incluso entonces se mantiene muy activo. Estas áreas cerebrales diferencialmente más activas cuando la mente divaga se conocen como red neuronal por defecto y son el sustrato de la mente de mono. Se muestran en el siguiente gráfico.

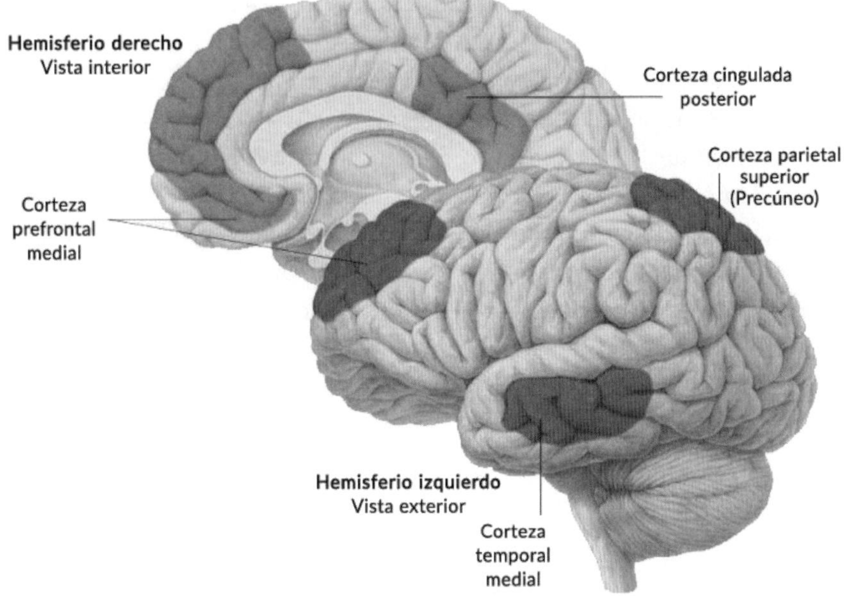

Cuando dejamos vagar la mente, no solo se aprecia un sesgo negativo en el contenido de los pensamientos, sino también que estos suelen ser autorreferenciales, o sea, que tienen que ver con nosotros mismos. Parece que la mente al vagar manifiesta su egocentrismo, lo cual concuerda con el aumento de actividad en regiones cerebrales de la red por defecto, directamente involucradas en la conciencia de ser un individuo. En concreto, el córtex cingulado posterior y el precúneo se asocian con la sensación de ser un individuo diferenciado en el espacio del resto de personas y del mundo que nos rodea. Por otro lado, también incrementa su actividad al pensar en nosotros el córtex temporal medial, que se relaciona más con en el sentimiento de ser uno mismo a lo largo del tiempo, a pesar de los cambios producidos durante nuestra vida.

Sin duda, el protagonista de esos frecuentes periodos en que la mente se comporta como un mono inquieto entre las ramas de un árbol es el discurso que nos dirigimos interiormente y del que nacen los pensamientos. El lenguaje tiene una evidente función social pues surgió en la historia de la humanidad como vehículo de expresión de vivencias internas y de interacción entre los hablantes que comparten un mismo código lingüístico. Pero aun siendo tan importante como instrumento de comunicación oral o escrita, no lo es menos por el uso que de él hacemos en privado, sin articular palabras. Ese diálogo interno ocupa buena parte del tiempo que pasamos despiertos como telón de fondo de nuestra experiencia cotidiana. Observa cuánto tiempo dedicas a hablar para ti, comentando y evaluando lo que sucede a tu alrededor, recordando hechos del pasado o pensando en el futuro.

¿Cómo se instaura el hábito de hablar con nosotros mismos? Es una capacidad que desarrollamos desde la infancia. El niño aprende a hablar en su relación con otras personas, pero pronto comienza a hacerlo para sí en voz alta mientras juega. Quizá hayas presenciado alguna vez cómo el pequeño de tu casa hablaba a solas mientras armaba un juguete o al arrastrar una caja de zapatos como si fuera un camión. En ese caso, sus palabras no tienen por finalidad comunicarse con otros individuos, pero son la antesala del habla interior, en silencio. Por tanto, en el desarrollo de la persona el lenguaje se interioriza; manteniendo su primaria función social de comunicación con el entorno, adquiere otras cuando se convierte en palabra pensada, que no se pronuncia con los labios, sino que se dice y escucha en el interior. Al interiorizar el lenguaje, el niño no necesitará pronunciar las palabras con la boca, sino que le bastará con pensarlas.

No obstante, el lenguaje interiorizado conserva una característica que recuerda que la finalidad primordial del habla es la comunicación con otras personas, porque también en las cosas que nos decimos interiormente utilizamos el diálogo. Nuestra voz interior no suele ser como la de un locutor que acompaña las imágenes de un reportaje en televisión para completar con su comentario lo que estamos viendo, refiriéndose a ellas en tercera persona, sino que adopta forma de diálogo. No hablamos descriptivamente de lo que vemos, pensamos o sentimos, sino que lo hacemos contándonoslo. ¿Quién es el que habla y quién el que escucha? La respuesta a ambas preguntas es la misma: yo.

Los psicólogos evolutivos han estudiado con interés este fenómeno de la interiorización del lenguaje, que se produce de manera natural poco después de que el niño haya aprendido a hablar y se mantiene durante toda la vida. Por su parte, los neurocientíficos han comprobado que al hablar para nosotros se activan los mismos sistemas neurales que subyacen al discurso externo, lo que confirma la cualidad lingüística del pensamiento, aunque la experiencia de pensar no se reduzca a lenguaje verbal, sino que pueda contener otros elementos multimedia.

Además, la gradual interiorización del lenguaje se observa no solo en el desarrollo individual de la persona, sino también en las costumbres sociales. Por ejemplo, hoy a nadie llama la atención ver personas en el vagón de un tren o en una sala de espera leyendo un libro o consultando los mensajes en su móvil sin abrir la boca. Están leyendo para sí. Pues ese hecho tan simple y que hoy nos parece normal es mucho más reciente de lo que pensamos. Tuvieron que pasar bastantes siglos en la historia de la humanidad para que se generalizara el hábito de leer en silencio. En la antigüedad se leía en voz alta, igual que hacen los niños cuando están aprendiendo a leer. Así se comprende por qué san Agustín se sintió tan extrañado al ver que Ambrosio, el obispo de Milán, leía sin despegar los labios[4]: no debía de ser algo usual en aquella época.

Este lenguaje interiorizado funciona como una especie de emisora permanentemente conectada, aunque a diferencia de la de una radio, su programación no la elegimos nosotros moviendo el dial, sino que aparece de forma espontánea. Sin embargo, el diálogo interno no se mantiene constante todo el día, ya que cuando la realización de una

4. *Confesiones*, Libro VI, 3.

tarea reclama nuestra atención, pasa a un segundo plano. En cambio, al sumergirnos en la rumia obsesiva de un tema que nos preocupa, acapara toda la atención. Hay, no obstante, diferencias individuales, pues no todas las personas lo experimentan en el mismo grado, pero es un fenómeno que por lo general ocupa bastante tiempo, sobre todo en los muchos ratos muertos en que, a lo largo del día, no estamos focalizados en ninguna actividad concreta y también cuando al ejecutar una tarea rutinaria en piloto automático podemos entregarnos a la divagación mental.

El hecho de que el diálogo interno se produzca con tanta profusión en todas las personas invita a sospechar que alguna función importante debe de cumplir, ya que no tendría sentido despilfarrar tanta energía en vano. Hay al menos tres aspectos en que desempeña un papel determinante. En primer lugar, mediante el diálogo interno construimos simulaciones de la realidad que pueden ser útiles para tomar decisiones y afrontar los desafíos que nos presente la vida. Lo que nos decimos para nosotros imaginando hipotéticas situaciones futuras sirve como preparación o ensayo de lo que haremos o diremos si llegan a ocurrir, porque esas simulaciones se conservan en la memoria igual que los recuerdos de los hechos que sí han sucedido y en su caso pueden recuperarse como guiones de conducta. Esto significa que también aprendemos de experiencias que solo han ocurrido en la imaginación.

En segundo lugar, el diálogo interno fundamenta la identidad personal, pues se encarga de escribir nuestra biografía uniendo retazos guardados en la memoria, al tiempo que construye la imagen que tenemos de nosotros. Gracias a ese diálogo nace el personaje que protagoniza todas las experiencias que vivimos. En realidad, a lo largo de nuestra vida ocurren tantas cosas y captamos tantas sensaciones que se requerirían miles de horas de filmación para elaborar un documental completo sobre nuestra vida. Sin embargo, de ese material tan extenso, el diálogo interno selecciona algunos recuerdos, que convenientemente retocados y aderezados con juicios y opiniones, dan vida a la idea de la persona que somos, el yo que todos creemos ser, aunque en el fondo no sea más que una colección de pensamientos y recuerdos.

Mediante el diálogo interno construimos el relato de nuestra vida dotando de continuidad y coherencia a la información resultante de la actividad mental. Esto nos convierte a la vez en autores y público de la obra que se representa en el escenario de nuestra vida. Porque somos historia autonarrada, nos afecta más eso que nos contamos sobre nosotros que lo que realmente nos haya pasado. Pero no solo los individuos somos hijos de nuestra narrativa; también las familias o grupos culturales a los que pertenecemos se sustentan en relatos que, más o menos conscientemente, vinculan a sus miembros. Se trata de auténticos mitos, no porque sean invenciones fantasiosas sin fundamento, sino porque son construcciones verbales capaces de forjar la identidad de una sociedad, con las que se explica el mundo y se dota de sentido al curso de los acontecimientos. Desde este punto de vista, también la ciencia se apoya en sus mitos, que cambian igual que lo hacen las narrativas de quienes los comparten.

La tendencia de la mente a crear historias ya había sido observada en 1944 en un experimento de los psicólogos Fritz Heider y Marianne Simmel[5], en que se mostraba a los participantes un vídeo con figuras geométricas moviéndose de forma aleatoria. Cuando les pidieron que describieran lo que habían visto, casi todos los participantes dijeron haber visto una historia, aunque en la pantalla solo habían aparecido un círculo, dos triángulos y un rectángulo en movimiento.

La tercera función que cumple hablar con nosotros mismos es que nos otorga sensación de control. En la vida hay muchas cosas que no hemos elegido ni dependen de nosotros, comenzando por dónde y cuándo nacemos o quiénes y cómo son nuestros padres. Sin embargo, tenemos la impresión de que comprendiendo por qué suceden

5. Video disponible en: youtube.com/watch?v=OrFspngFE80

los acontecimientos adquirimos cierto dominio o control de la situación, que nos permitirá prevenir o cambiar lo que pueda ocurrir en el futuro. Por eso tendemos a interpretar lo que nos sucede, tratando de descubrir las causas y el porqué de los acontecimientos. El diálogo interno sirve para dar sentido a nuestras experiencias, lo cual no significa que nos esté contando la verdad. Como apuntaba Hannah Arendt[6], "la necesidad de una razón no está inspirada en la búsqueda de la verdad, sino en la búsqueda de sentido", porque a fin de cuentas los seres humanos preferimos el sentido a la verdad.

Esa necesidad de sentido manifiesta nuestra intolerancia al absurdo. El psicólogo californiano Michael Gazzaniga investigó la actividad de cada hemisferio cerebral estudiando el comportamiento de personas a las que se habían separado ambos hemisferios como remedio para casos graves de epilepsia. Mostrándoles diferentes estímulos a cada hemisferio por separado, comprobó que cuando la información percibida entraba en conflicto con la realidad del paciente, provocándole duda o contradicción, una parte de su hemisferio izquierdo, asociado al lenguaje, se activaba para dar una explicación satisfactoria. Así llegó a la conclusión de que el hemisferio izquierdo del cerebro contiene un grupo de redes neurales, que denominó *el intérprete*, especializado en dar sentido a la incesante actividad, por lo general inconsciente y automática, que se manifiesta como mente. De manera que, hagas lo que hagas o pase lo que pase, siempre tendrás una explicación de lo sucedido porque cuando el intérprete no conoce la razón, se la inventa. Parece que estamos diseñados para fabular antes que sentirnos náufragos en una experiencia sin sentido.

Recapitulando lo dicho hasta ahora, nuestra experiencia en la casa de la mente puede resultar incómoda e incluso asfixiante por el peculiar estilo de relacionarnos con lo que encontramos en ella. Convirtiendo el pensamiento en nuestro centro de gravedad el espacio vital se estrecha; y por rechazar las sensaciones desagradables,

---

6. Escritora y filósofa alemana (1906-1975)

cerramos la puerta a muchas experiencias, que lo estrechan aún más. Refugiándonos asiduamente en el diálogo interno, hacemos de la luz artificial de su relato el guion de nuestra vida y damos la espalda a la luz natural que entra por la ventana. Con estos ingredientes, el resultado es una vida fundamentalmente verbal y egocéntrica, que transcurre en un escenario demasiado reducido. Así era también la casa con la que soñé, que me pareció pequeña y oscura.

III

TRAS LA PUERTA SECRETA

A veces podemos pasarnos años sin vivir en absoluto, y de pronto toda nuestra vida se concentra en un solo instante.

—Óscar Wilde

7

LA ATENCIÓN ES LA LLAVE

Quédate ante la puerta si quieres que te la abran. No dejes el camino si quieres que te guíen. Nada está nunca cerrado sino a tus propios ojos.

—Farid al Din Attar[1]

En mi sueño descubrí una puerta camuflada en la pared del cuarto de estar, que daba acceso a un espacio mucho más grande que mi angosta casa de siempre. Si para mí la parte estrecha y oscura simboliza cómo se vive en modo pensante, la nueva parte, amplia y luminosa, significa una forma diferente de vivir. Entrando en la nueva parte, no solo ganaba comodidad, sino que también aprendía a valorar mejor cómo era realmente mi casa, pues al comprender que era mayor de lo que suponía, empecé a verla con otros ojos.

Que la puerta estuviera camuflada y no la hubiera visto antes me sugirió que quizá representaba algo que yo ya tenía pero no había sabido utilizar. Como esa puerta comunicaba las dos partes de la casa, que simbólicamente interpreté como los dos aspectos de la

1. Poeta sufí persa del siglo XII

mente: el pensante y el vigilante, entendí que la puerta se refería al mecanismo que posibilita pasar de uno a otro, es decir, a la atención. Porque situarse en modo pensante o vigilante depende de cómo se maneja la atención.

Si lo que caracteriza el modo pensante es la hegemonía del lenguaje como artífice del pensamiento y del diálogo interno, el otro modo consiste en estar en la mente con un estilo más receptivo u observante, siendo testigo de cuanto aparece en el escenario de la conciencia sin juzgarlo ni aferrarlo, dándote cuenta de los pensamientos más que pensándolos. Entrando en ese modo se desarrolla una actitud vigilante, que es el rasgo que lo define. Al habernos acostumbrado a vivir en modo pensante no sabemos apreciar el valor del otro modo, y quizá por eso solo lo activamos esporádicamente; pero esa situación puede cambiar si experimentamos los beneficios de ejercitarlo. Como ambos modos son necesarios, no se trata de sustituir uno por otro, sino de saber emplear inteligentemente los dos, igual que una persona bilingüe, dependiendo del lugar donde se encuentre y quién sea su interlocutor, elegirá en qué idioma hablar.

La atención es un proceso fundamental porque determina el contenido de nuestra experiencia personal. William James decía que no hay mayor libertad que la de escoger dónde ponemos la atención. Aquello a lo que atendemos pertenece a nuestra historia, mientras lo demás es relegado a la sombra como vida no vivida. Ahora bien, no solo importa elegir el objeto al que dirigir la atención sino también la manera de hacerlo, porque se puede prestar atención a algo de diversas formas. Cuando nos entretenemos siguiendo las acrobacias del mono de la mente, también empleamos la atención, dirigiéndola en ese caso a los contenidos que aparecen al divagar. No es igual esa atención que la que ponemos al enhebrar una aguja, escuchar una sinfonía o contemplar una puesta de sol.

Se puede clasificar la atención en función de varios criterios. Por ejemplo, será más o menos amplia según la cantidad de información a la que atendamos y será más o menos intensa dependiendo del nivel de activación o alerta en que nos hallemos. También es importante diferenciar la atención deliberada, que es consecuencia de un esfuerzo voluntario, de la que se produce sin esa intención consciente o a propósito por atender. Para entrar en modo vigilante se necesita una atención voluntaria y sin juicio, pues juzgar es función de la mente pensante.

Después de haber apuntado en los capítulos anteriores las desventajas de vivir en modo pensante, apegados a lo que nos gusta y evitando lo que nos desagrada y muy enganchados al diálogo interno que nos mantiene en piloto automático, conviene recordar sus aspectos positivos para no llegar a la conclusión de que hay que evitarlo a toda costa. Que sea un modo de funcionamiento problemático no significa que no pueda ser útil en muchas ocasiones. Y no solo útil, sino también necesario. ¿Cómo decidirías a dónde viajar en tus próximas vacaciones sin dedicar un tiempo a pensarlo, buscando información de vuelos y hoteles, imaginando si te lo pasarías bien en aquel destino, analizando pros y contras de elegir uno u otro? ¿Cómo prepararías un hojaldre de puerros que no has cocinado nunca sin creerte la receta que has encontrado en internet? ¿Cómo defenderías tu trabajo de fin de carrera ante el tribunal sin haber repasado y ensayado mentalmente tu exposición? Hay infinidad de situaciones que requieren la activación del modo pensante. El error es considerarlo el único posible o, admitiendo que no lo sea, creer que siempre es el mejor.

La mente se asemeja al motor de un coche con varias marchas. No se emplea la misma para estacionar que para circular por una autovía con tráfico fluido o para ir hacia atrás. Ninguna es mejor que otra: todas son buenas y útiles; elegir la más adecuada depende de las circunstancias y condiciones de la vía y de la velocidad del vehículo. Con la mente pasa lo mismo: puede funcionar en modo pensante o en modo vigilante. Aunque en ocasiones las características de la situación en que nos hallamos son las que determinan cuál de los dos se activa, otras veces será elección nuestra.

Al funcionar por defecto en modo pensante, tendemos a permanecer instalados casi siempre en él. Para vencer esa inercia hay que entrenarse en el otro modo, basado en el cultivo de una actitud vigilante, observando sin pensar y aceptando sin juzgar. Puedes comenzar con algunos sencillos ejercicios como los que te propongo a continuación.

1. *Ejercicios de atención a la respiración*

La respiración es una función fisiológica que siempre está presente, aunque la mayor parte del tiempo se desarrolle de forma inconsciente. El ejercicio más sencillo y al alcance de todo el mundo consiste en detenerse por unos instantes a observar el ir y venir del aire que respiramos, o sea, a tomar conciencia de un fenómeno que, sin el concurso de nuestra atención, también estaría sucediendo. Para realizarlo, la postura del cuerpo ha de ser cómoda, sentados, de pie o tumbados boca arriba; lo importante es que no haya nada en nuestra indumentaria que oprima o dificulte la respiración, ni factores externos que puedan alterar la naturalidad del ejercicio, como estar rodeado de gente que te mira, tener prisa por acabar o el afán por hacerlo bien.

Se trata de observar simplemente el curso de la respiración, sin tratar de modificarlo. Para ello, pon tu atención en las fosas nasales, en el pecho o en el abdomen –donde percibas con más claridad el movimiento del aire que entra y sale por tu cuerpo. Comprobarás que la mera atención consciente al ir y venir de la respiración, sin luchar por cambiarla, tiende a lentificar su ritmo e induce naturalmente un estado de calma.

Otro ejercicio de atención a la respiración, que incrementará tu conciencia del doble movimiento del aire al entrar y al salir consiste en alternar la respiración por cada una de las fosas nasales. Para practicarlo, siéntate en una postura cómoda con la espalda recta, pero no rígida. Tras realizar unas cuantas respiraciones normales, después de inspirar, tapa el orificio derecho de la nariz y espira por el otro. Manteniendo tapado el derecho, inspira y a continuación tapa el orificio izquierdo y expulsa el aire por el otro. Repite el ciclo unas cuantas veces.

También puedes ensayar otro ejercicio alargando la salida del aire al espirar. Tras unos segundos de toma de conciencia como preparación, inspira normalmente por la nariz y al soltar el aire, también por la nariz, procura ralentizar la espiración tanto como te sea posible, con naturalidad y sin forzar el proceso, poco a poco. Repite unas cuantas veces, inspirando normalmente y espirando muy despacio. El tiempo de la espiración puede ser el doble que el de la inspiración.

Finalmente, otro ejercicio posible consiste en prestar atención a las pausas que se producen naturalmente al respirar, tanto al final de la inspiración como una vez que se ha exhalado todo el aire. Son pausas minúsculas, casi imperceptibles, pero necesarias para que el vaivén respiratorio cambie de dirección, igual que cuando un columpio se balancea hacia adelante y hacia atrás ha de haber un punto de quietud en que el columpio no avance ni retroceda. La mejor forma de tomar conciencia de las pausas que separan la inspiración de la espiración es prolongándolas. A fin de practicar, introduce pequeñas retenciones voluntarias entre la inspiración y la espiración, así como entre la espiración y la siguiente inspiración. En todo caso se ha de proceder con suavidad, sin ningún esfuerzo ni violencia. Con este ejercicio ampliarás la concepción de la respiración que, aunque a primera vista parecía tener solo dos fases –inspiración y espiración–, en realidad tiene cuatro.

2. *Ejercicio de atención a los sonidos del ambiente*

Cierra los ojos y percibe con curiosidad y atención todos los ruidos que se producen a tu alrededor, da lo mismo si es un sonido agradable, como la brisa que mueve las hojas de los árboles o las notas de una guitarra, o si es el molesto rugido de la moto que pasa veloz por tu calle o el camión que recoge los contenedores de la basura. Procura escuchar el bullicio y el murmullo general del mundo como si estuvieras escuchando música. No trates de identificar qué produce cada ruido que oigas ni te dejes llevar por la inercia de querer darle nombre a todo. Permite que el sonido te llegue y juegue con tus tímpanos. Abre la puerta de tu atención a todos los sonidos que aparezcan en el ambiente en este preciso instante, consiente que tus oídos hagan con ellos lo que quieran. Sobre todo, evita juzgar lo que oyes etiquetando los sonidos como adecuados o inadecuados; en este momento todos son bienvenidos. No importa si alguien tose o estornuda o se le caen las llaves: solo son ruido o sonidos.

3. *Ejercicio de atención a las sensaciones corporales*

El ejercicio puede limitarse a una parte del cuerpo, como las extremidades, el abdomen o la cara, o bien consistir en un repaso minucioso y general de las sensaciones de todo el cuerpo. En cualquier caso, utilizaremos la atención como herramienta para realizar este ejercicio, haciendo de ella una especie de linterna que ilumina la parte del cuerpo a la que estamos mirando y que nos permite tomar conciencia de las sensaciones que allí descubrimos. Si practicamos con una sola parte del cuerpo, no hay una indicación especial sobre la postura corporal que debemos adoptar para realizar el ejercicio. Sin embargo, cuando vayamos a escanear todo el cuerpo, además de contar con el tiempo suficiente para ello y disponer de un espacio en el que no vayamos a ser interrumpidos, lo mejor es tumbarse boca arriba, sobre una esterilla o alfombra colocada en el suelo o, si no es posible, encima de la cama.

Una vez tendidos boca arriba, con las piernas ligeramente separadas y los brazos a los lados del cuerpo, cerramos los ojos y observamos durante unos instantes el ir y venir de la respiración. Cuando ya estemos preparados para empezar el ejercicio, tras realizar una espiración, dirigimos la atención al pie izquierdo y lo recorremos sin prisa, comenzando por el dedo gordo y siguiendo por los demás dedos del pie. El recorrido utiliza solo la atención para limitarnos a captar las sensaciones que se estén produciendo en los dedos del pie izquierdo; es posible que nos sintamos ansiosos por querer notar sensaciones o que nos merodee el pensamiento de que no hay ninguna sensación en ese pie; lo mejor que podemos hacer cuando notemos el impulso ansioso de querer sentir o el pensamiento de que no hay sensaciones, es dejar que ese impulso y ese pensamiento se vayan como han venido, procurando volver a enfocar la atención allí donde la debemos tener, que es en los dedos del pie izquierdo. Después de haber recorrido con la linterna de la atención todos los dedos del pie izquierdo, la vamos desplazando por el resto del pie, la planta, el talón y el empeine. Siempre hay que recordar que no hace falta ir deprisa y que el ejercicio no consiste en pensar en las sensaciones, sino simplemente en sentirlas, dándonos cuenta de ellas a medida que se producen y llegan a nuestra conciencia. Tampoco se trata de evaluar nuestra destreza en la realización del ejercicio, pues con frecuencia nos sorprenderemos juzgándonos por lo bien o mal que lo estamos haciendo. También este juicio debemos dejarlo pasar, sin darle ninguna importancia.

Cuando hayamos recorrido con atención todo el pie izquierdo, coincidiendo con una espiración, soltamos la atención de esa parte y la pasamos a la pantorrilla izquierda, dirigiendo la luz de nuestra atención a observar cualquier sensación que podamos detectar en esa parte del cuerpo. Vamos recorriendo tranquilamente y sin prisa la parte anterior y posterior de la pantorrilla, hasta la rodilla, y lo hacemos con curiosidad, por si fuera a aparecer alguna sensación. Si notamos alguna sensación, está bien, pero si no notamos ninguna, tampoco le damos importancia. Una vez que hayamos recorrido toda la pantorrilla y la rodilla izquierdas, aprovechando una espiración, soltamos la atención de esa parte del cuerpo y la desplazamos al muslo izquierdo.

Recorremos el muslo izquierdo enfocándolo con nuestra atención desinteresada y curiosa, sin otro fin que darnos cuenta de las sensaciones que haya en ese muslo. Vamos desplazando lentamente nuestra atención por todos los lados del muslo izquierdo, hasta llegar a la ingle. Al hacer una espiración, abandonamos la pierna izquierda y dirigimos la linterna de la atención hacia el pie derecho. Una vez centrada la atención en él, procederemos igual que hicimos con la pierna izquierda, comenzando por el pie y siguiendo por la pantorrilla, la rodilla, el muslo y la ingle.

Después de haber recorrido con detalle ambas piernas, dirigimos la atención al abdomen y observamos las sensaciones que allí encontremos; podremos notar cómo sube y baja al compás de la respiración. Una vez hayamos observado las sensaciones del abdomen, dirigimos nuestra atención al pecho hasta llegar a los hombros. A continuación, enfocamos con la atención los omóplatos, en la parte superior de la espalda y nos percatamos de las sensaciones que percibimos en ellos. Lentamente, vamos bajando por toda la espalda hasta llegar a la cintura, descubriendo cualquier sensación que aparezca.

Cuando hayamos finalizado el recorrido por la espalda podemos dirigir la atención a la mano izquierda, después al antebrazo izquierdo hasta el codo y luego al brazo izquierdo hasta su articulación en el hombro. Repasado el brazo izquierdo, seguimos el mismo procedimiento para examinar las sensaciones del brazo derecho.

Una vez concluida la observación de las sensaciones de ambos brazos posamos la atención en el cuello, rodeándolo con detenimiento. Por último, dirigimos el foco de la atención a la cara, comenzando por la barbilla y la mandíbula y siguiendo por los labios, la nariz, los ojos y la frente. Tras ello, podemos dirigir la atención de modo global a todo el cuerpo, sintiéndolo como la unidad que es, y después de prestar atención durante unos instantes al ir y venir de la respiración, movemos poco a poco los distintos miembros del cuerpo: brazos, piernas, cabeza..., también podemos bostezar o estirarnos y lentamente, sin prisas, vamos recuperando el tono que nos permitirá continuar con nuestra actividad normal. Es importante no salir con brusquedad de este ejercicio para evitar sensaciones desagradables, como mareos.

4. Ejercicio de atención al movimiento caminando

Se trata de caminar muy despacio con plena atención a cada paso. Para hacerlo, hay que colocarse de pie en un lugar donde haya algo de espacio para deambular, puede ser el salón de casa o un pasillo por donde no haya que sortear obstáculos que puedan interponerse. Se recomienda hacerlo donde nadie te observe para no sentirte vigilado ni llamar la atención de ningún curioso. Para comenzar, dirige unos instantes la atención a tu respiración, que fluye con naturalidad, a su propio ritmo, y a continuación, empieza a caminar muy lentamente, con la espalda recta y la mirada dirigida al frente hacia el suelo. Levanta el pie derecho mientras inspiras; al espirar, apóyalo otra vez en el suelo, comenzando por el talón y acabando por los dedos. Al volver a inspirar levanta el otro pie y apóyalo, muy lentamente, a medida que espiras. Se inspira al adelantar un pie mientras el otro pie permanece quieto. Se espira al apoyar el pie mientras el otro permanece quieto. Puedes caminar describiendo un círculo para acabar el ejercicio donde lo empezaste o, si lo haces en un pasillo, al llegar al fondo, date la vuelta y regresa al punto de partida. Lo importante es hacerlo muy, muy lentamente, dedicando unos siete segundos a cada paso porque, como ejercicio que es, no se pretende cubrir una distancia ni llegar a ningún lado, sino tomar conciencia de tu cuerpo en movimiento, del acto de andar a medida que se produce. Se trata de andar, sin más.

5. Ejercicio de atención a la comida

Ya que todos los días comemos varias veces, siempre tendremos la oportunidad de aprovechar ese momento para ejercitarnos en desarrollar la función observante de la mente. Es tan sencillo –y al mismo tiempo tan complicado– como limitarte a comer mientras comes. Tanto si lo haces solo o acompañado de otras personas, puede que te hayas acostumbrado a sentarte a la mesa sin dejar a un lado la prisa por terminar cuanto antes. Todavía suele ser más frecuente llegar al comienzo de la comida rumiando interiormente los problemas que te preocupan, las tareas que has dejado a medio hacer o los desafíos a que habrás de enfrentarte más tarde. Por eso, quizá lo primero que deberías hacer al ir a comer es detenerte un instante y decirte: ahora voy a comer.

El acto de comer, en mayor o menor medida, pone en acción a los cinco sentidos. Por supuesto, la vista, gracias a la cual encontramos apetitosos los alimentos por su aspecto o su color, pero también el olfato que nos acerca el olor que despiden. Con el sentido del gusto descubrimos todo su sabor en nuestra boca mientras los masticamos y al tragarlos. El oído nos permite sentir el ruido que producen algunos alimentos al partirlos con la mano o con los dientes, así como los sonidos característicos de cualquier comida: el de la cuchara cuando toca el plato, el del agua que se vierte en el vaso o el impacto de la botella sobre el mantel cada vez que se deposita en la mesa. Por último, nos servimos del tacto para apreciar la textura del pan o la frescura de una manzana, así como para manejar los cubiertos que empleamos para trocear o dosificar la comida que nos llevamos a la boca.

Utilizar la comida para ejercitar la función observante de la mente es muy fácil porque está al alcance de todos varias veces al día. Está especialmente indicado si comemos solos, porque toda la atención la ponemos en el acto de comer prescindiendo de todo lo demás, que en este caso sería fuente de distracción. Comer mientras se sigue un programa de televisión o hablando con otras personas que compartan la misma mesa restará eficacia al ejercicio. Una buena alternativa, que lo hace más fácil, es dedicarle solo cierto tiempo de la comida; por ejemplo, el primer plato, el postre, o solo la bebida. De lo que se trata es de estar lo más atento posible a las sensaciones que aparezcan al comer, y hacerlo a un ritmo más lento del habitual, porque yendo más despacio favoreceremos el darnos cuenta de ellas. A veces engullimos los alimentos tan deprisa que ni siquiera somos conscientes de haberlos ingerido. Además, comer despacio y con los cinco sentidos beneficia la digestión y ayuda a recibir antes la señal de saciedad, por lo que puede ser un buen aliado para perder peso.

Los ejercicios anteriores sirven para entrenar la atención y reducir paulatinamente el ruido del diálogo interno. Es necesario familiarizarse con ellos porque tenemos poco desarrollada la capacidad de mantenernos en actitud vigilante y sin hablar por dentro, ya que desde la infancia nos hemos acostumbrado a vivir sobre todo en modo pensante. Cuanto más los practiques, menos serán las interferencias que se produzcan, a la vez que adquirirás la flexibilidad necesaria para no vivir encadenado a la función pensante. Lo deseable es emplear ambas funciones con la misma naturalidad con que cambiamos de marcha al circular con el coche, eligiendo la que mejor se adapte a cada situación.

Si te fijas, comprobarás que todos los ejercicios propuestos comparten un estilo peculiar en la manera de dirigir la atención, sea a la respiración, a las sensaciones corporales, a los estímulos que se perciben en el ambiente o al movimiento al andar. El objeto en que se pose es lo de menos; lo importante es cómo se maneja la atención. Para fortalecer la función observante conviene cultivar un estilo de atención abierta, que acoja con curiosidad los estímulos que aparezcan en el campo perceptivo; y al mismo tiempo que sea una atención neutra o imparcial, que no juzgue si lo que se percibe es agradable o no. Porque, aunque no todas las sensaciones sean iguales, si las juzgas cuando las percibes, sin darte cuenta habrás cambiado del carril observador al carril pensante, pues juzgar y poner etiquetas valorativas a las experiencias es parte de la función pensante de la mente. Además, hay que procurar que en estos ejercicios la atención se mantenga muy ligada a la sensación, que es lenguaje no verbal, en lugar de acompañarla de diálogo interno, el principal combustible de la mente pensante.

8

LOS TRES PILARES DE LA MEDITACIÓN

El que mira hacia afuera, sueña. El que mira hacia dentro, despierta del sueño.

—C. G. Jung

Después de haberte mostrado algunos ejercicios para entrenar la atención vigilante voy a dedicar este capítulo al más importante de todos: la meditación. Conviene, no obstante, aclarar varios aspectos porque este término se presta a muchos equívocos. En el mundo occidental, meditar es sinónimo de pensar o reflexionar detenidamente sobre algo. Pero en otras tradiciones orientales se emplea esta palabra con un significado diferente, no como reflexión concienzuda sobre un tema, sino como adiestramiento de la atención. En la actualidad también muchos occidentales comparten esta forma de entender la meditación, gracias a la divulgación en nuestro entorno de prácticas como el yoga o el zen, aunque a veces no sean más que una moda exótica. Además, el énfasis puesto por algunos de sus promotores en el logro de poderes paranormales ha podido contribuir a que en Occidente se haya impuesto una visión distorsionada de lo que en realidad es la meditación.

Como en casi todas las cosas, solo se conoce algo después de haberlo experimentado. Pero el problema es que experimentar la meditación no quiere decir haberla probado por curiosidad unos días o semanas, como suelen hacer muchos de los que se apuntan a un cursillo de iniciación y, tras entusiasmarse con los primeros destellos de la práctica, la abandonan. No es a esa clase de experiencia a la que me refiero.

Son tantas las escuelas y maestros que enseñan a meditar que cuesta encontrar la esencia de esta práctica en medio de tal maraña de métodos y tradiciones. No solo varían las instrucciones concretas que se dan al que desea aprenderla, sino que los presupuestos antropológicos en que se basan y los objetivos que persiguen también son diferentes. En suma, no hay acuerdo ni en el cómo ni en el para qué de la meditación.

Las consideraciones de este capítulo tratan de presentarte lo fundamental del ejercicio de la meditación, sin entrar en detalles que podrían ser importantes solo para algunos métodos. Por supuesto, no pretendo transmitirte una técnica concreta que te convierta en discípulo de ninguna escuela, ni tampoco inculcarte una determinada cosmovisión que deba reemplazar a la tuya, como requisito previo para meditar. Lo que siguen son elementos que me parecen dignos de tener en cuenta para comprender el sentido de la meditación desde un punto de vista psicológico, encuadrándola en el proceso de exploración de la mente, que es el tema de este libro. En realidad, los ejercicios propuestos en el capítulo anterior como ayuda para fortalecer la función observante de la mente también tienen carácter meditativo. Pero lo que ahora te voy a explicar es el ejercicio de meditación por antonomasia, que incluye todos los ingredientes que, de acuerdo con nuestro conocimiento de la naturaleza humana, sitúan a la persona en el carril no pensante de la mente. Los tres pilares sobre los que se asienta esta práctica son el cuerpo, la respiración y la atención.

El cuerpo

La meditación no es una disciplina mental, si con ello se quiere indicar que involucra solo a una parte de nosotros. Por el contrario, la meditación conduce a que la persona tome conciencia de sí como la unidad que es, sin identificarse exclusivamente con un aspecto o una parte de su ser. Así se supera la acostumbrada tendencia a disociar el cuerpo y la mente, que es lo que ocurre cuando estás físicamente en un lugar o junto a una persona, pero con el pensamiento en otro lugar o con otras personas. Meditar requiere volver al presente del que con demasiada frecuencia nos ausentamos.

Al hablar de la intervención del cuerpo en la meditación casi siempre se piensa en la postura que habría que elegir para practicarla. Sin embargo, el cuerpo está llamado a aportar algo más que una postura. En lugar de posar artificialmente para meditar –igual que arreglas tu peinado o tu sonrisa cuando vas a hacerte una foto– se trataría de encarnar un gesto que, a través de la postura del cuerpo, exprese tu realidad global como persona. Ahora bien, que la postura corporal se convierta en gesto que transparente tu actitud fundamental ante la vida no es tarea de un día. Mientras se va forjando ese gesto, conviene cuidar ciertos detalles del cuerpo sabiendo que no atañen simplemente a la postura.

Se puede meditar en cualquier posición –de pie, de rodillas, sentados o acostados– aunque no todas son igual de recomendables. Tumbándote en la cama o sobre una alfombra en el suelo, el peligro de quedarte dormido amenazará con frustrar tu práctica; y si permaneces de rodillas mucho tiempo, las molestias producidas por la incomodidad de la postura enseguida acapararán tu atención. Por eso, lo mejor es hacerlo sentado, pero no de cualquier manera, sino adoptando una buena postura, que dé estabilidad a tu cuerpo y le ahorre tensiones y dolores innecesarios. Como lo que se persigue es favorecer una tranquila y estable atención, conviene sentarse con la espalda recta, que no significa ponerla rígida como una tabla, sino conservando las curvaturas naturales de la columna vertebral.

Por tanto, se trata de sentarte erguido sobre una superficie firme. Si estás en condiciones de hacerlo, una buena opción es sentarte sobre un cojín de unos veinte centímetros de grosor, que tenga suficiente consistencia para que al sentarte las caderas se eleven y basculen ligeramente hacia delante, de manera que las rodillas se apoyen en el suelo y la columna se mantenga erguida respetando su natural curvatura. Pero si no eres capaz de sentarte en el suelo sobre un cojín con la espalda recta, también puedes hacerlo sobre una banqueta, que a la vez que mantiene el tronco erguido proporciona una base firme con el apoyo en las nalgas y en las rodillas. Y si lo prefieres, puedes meditar perfectamente en una silla que no se hunda al sentarte, y que no sea demasiado alta ni muy baja, para que las plantas de los pies reposen bien en el suelo. En este caso, la espalda permanece erguida, pero sin apoyarla en el respaldo de la silla.

Por haber perdido esa costumbre, a los occidentales nos cuesta sentarnos en el suelo y para conseguirlo, además de vencer la incomodidad de los dolores en las piernas o en la espalda hemos de superar el prejuicio de considerarla una postura impropia de un adulto civilizado.

Si te sientas sobre un cojín, no es necesario adoptar la postura del loto, que es la imagen que muchos evocan al oír nombrar la meditación, pues aun siendo una postura muy estable, hace falta estar entrenado para conseguirla. Hay variantes más fáciles e igualmente válidas, como el cuarto de loto[1] o la denominada postura birmana[2], que además de proporcionar una base sólida son suficientemente

1. Mientras uno de los pies permanece en contacto con el suelo, el otro se coloca sobre la pantorrilla de la pierna contraria. Para que no sea siempre el mismo pie el que descansa sobre la pantorrilla, se aconseja alternar entre ambos, subiendo cada uno de los pies en diferentes sesiones.

2. Postura todavía más sencilla que el cuarto de loto, ya que ninguno de los pies descansa sobre las pantorrillas, sino que reposan tocando el suelo

cómodas para evitar que las molestias en el cuerpo atraigan la atención e inciten a rectificar la postura[3].

En una silla En una banqueta Sobre un cojín

Una vez sentado con la espalda erguida en la postura que hayas escogido, comprueba que tu cabeza reposa bien centrada como una prolongación de la columna, sin ladearse ni inclinarse hacia delante o hacia atrás. La barbilla, un poco metida hacia atrás, tiende a acercarse a la garganta, contribuyendo a equilibrar las curvas lumbar y cervical de la espalda. La coronilla se eleva como si un hilo invisible tirara de ella hacia arriba. Los ojos, cerrados o abiertos, a tu elección. Los brazos caen relajados a ambos lados del cuerpo, con los codos ni muy alejados del tronco ni pegados a él. Los hombros descansan ligeramente echados hacia atrás de modo que se acerquen los omóplatos entre sí, con lo que se afloja la tensión de los trapecios y el cuello. Las manos descansan sobre las rodillas o recogidas en el regazo; lo importante es que se queden quietas porque mientras medites no las vas a utilizar: no es tiempo de hacer nada con ellas.

---

3. Patañjali lo sintetizaba diciendo que la postura fuera estable y agradable (*Yoga-sutras* 2, 46)

Sentarte bien te ayudará a asentarte interiormente, que tiene que ver más con tu actitud. Una buena postura favorece la sensación de estar enraizado y firme con el centro de gravedad en la parte baja del tronco, como ese juguete en forma de muñeco llamado tentetieso, con un contrapeso en su parte inferior y que, aunque se mueva en cualquier dirección, vuelve siempre a enderezarse. Con el cuerpo bien asentado al inicio de la práctica de meditación ocurre algo parecido: la sensación de peso desciende a la base. Procura que tus hombros caigan todo lo que puedan, renunciando a cualquier esfuerzo por mantenerlos levantados. Además, un buen asentamiento es la condición para crecer verticalmente con naturalidad, igual que un árbol se eleva hacia lo alto partiendo del suelo donde hunde sus raíces.

En contra de lo que muchos piensan, para meditar no es necesario estar especialmente relajado, aunque si estás demasiado tenso o crispado cuando vayas a comenzar el ejercicio, cierto grado de relajación podría ayudarte. No obstante, la relajación es más un efecto secundario de la meditación que un requisito previo. La clave está en que el cuerpo no esté tenso, pero que tampoco se haya relajado tanto que se derrumbe y se duerma. Habría que encontrar el equilibrio, igual que para disparar bien una flecha con el arco, la cuerda no debe estar ni muy tensa ni muy floja. Descubrir ese tono justo es casi un arte, pero para comenzar pueden bastar las siguientes orientaciones.

Una vez sentado en la postura de meditación, bien asentado con el centro de gravedad en la base y manteniendo la verticalidad, presta atención a tres puntos. El primero, el abdomen, que se infla y se desinfla naturalmente al compás de tu respiración. Cuida que tu atuendo no lo oprima y evita constreñirlo, dejando a un lado el prejuicio socialmente admitido de intentar tener el vientre plano: el abdomen debe ser libre de expandirse hacia adelante sin problema.

El segundo punto a vigilar es la mandíbula, que con demasiada frecuencia mantenemos apretada, señal de estar reprimiendo alguna emoción desagradable como rabia o ansiedad. Recuerda la sensación de bienestar que experimentas cuando esa tensión se afloja después de un buen bostezo o de soltar una carcajada. Por eso, si observas que la estás apretando, suéltala dejándola caer. La relajación de la mandíbula se traducirá en una agradable sensación de ahuecamiento de la garganta, donde se hallan las cuerdas vocales que vibran al hablar. Distendiendo la mandíbula das tu consentimiento a experimentar todas las emociones, sin reprimirlas, a la vez que el descanso de la garganta puede reducir el parloteo interno.

El tercer punto que hay que cuidar al inicio de la meditación es la zona de los ojos. El sentido de la vista es muy importante, ya que alrededor de un noventa por ciento de la información que recibimos nos llega por esta vía. Pero los ojos no solo sirven para ver sino también para buscar lo que nos interesa. Son el sistema más fiable con que contamos para controlar nuestro entorno, pero al concentrar tanta energía en ellos tendemos a apretarlos y si ese endurecimiento persiste puede provocar fatiga visual o dolor de cabeza. Quizá el hábito de apretar los ojos responda al afán de controlar el mundo para evitar que un peligro nos sorprenda y comprobar que las cosas son como esperamos que sean, igual que frunciendo el ceño expresamos desaprobación o enfado. Lo contrario a estos ojos rígidos y controladores, ávidos de dominar el ambiente, son unos ojos blandos y amables, que acogen lo que aparece ante ellos con aceptación. Dejando de apretar los ojos la frente también se distiende.

Soltar la tensión que habitualmente se encuentra en el abdomen, la mandíbula y los ojos no es solo una cuestión fisiológica, sino que también en cierto modo forma parte del gesto que crea el cuerpo del que medita. Permitir que el abdomen, que es su centro vital, se expanda con libertad es signo de confianza en el fluir de la vida. Aflojar la mandíbula, que funciona como compuerta del habla, representa una pausa en la verbalización el mundo. No apretar los ojos, que son la ventana por donde nos asomamos a la realidad, expresa aceptar que las cosas sean como son.

La respiración

Otro elemento clave de la práctica meditativa es la respiración. Aunque desde que nacimos no hemos dejado de respirar ni un solo minuto, la respiración suele pasarnos desapercibida, a no ser que un gran esfuerzo físico, un fuerte resfriado o un ataque de pánico hagan que nos demos cuenta de ella. También mientras dormimos, aunque no seamos conscientes, el sistema respiratorio continúa funcionando.

El acto de respirar se compone de dos movimientos: la entrada del aire o inspiración y la salida o espiración[4]. La respiración es más que una función fisiológica, pues está muy relacionada con el estado de ánimo. Cuando estamos tranquilos nuestra respiración es lenta y profunda, mientras que, si nos vemos sorprendidos por algo que nos atemoriza, la respiración se acelera y se vuelve más superficial: respiramos más veces, pero con menos hondura.

La respiración es uno de los pilares que sustentan la meditación porque sirve de anclaje en el presente: simplemente observándola se afina la capacidad de estar atentos al aquí y ahora en que nos hallamos. La atención a la respiración produce calma, que a su vez nos vuelve más receptivos. No se trata de respirar de un modo determinado, como en algunos ejercicios de yoga, para lograr un beneficio psicofísico. Observar la respiración significa darse cuenta de ella, sea la que sea, sin intentar modificarla. Presenciando el ir y venir del aire no se persigue otro fin más que hacernos conscientes del acto de respirar, que sin nuestra atención también estaría sucediendo.

La respiración puede ser observada allí donde es sentida: en las fosas nasales, en el pecho o en el abdomen. Cualquiera de estos tres puntos es idóneo para observarla. Lo mejor es elegir el punto donde a cada uno le resulte más fácil fijar su atención, donde la sienta de forma más natural y directa. Una vez hayas decidido en qué punto vas a observar la respiración, date cuenta del ir y venir del aire, entrando

4. No debe confundirse con *expiración*, que significa muerte.

al inspirar y saliendo al espirar. No has de hacer nada más; cualquier añadido, como pensamientos sobre los beneficios de la respiración o sobre tu destreza en observarla, te aparta del fin de este ejercicio, que es anclarte en el presente, siendo testigo imparcial de lo que está sucediendo.

La experiencia nos enseña que no es tan fácil limitarse a observar la respiración pues enseguida la atención se desvía hacia otro lado. No basta la voluntad porque, aunque quieras permanecer atento siguiendo el curso de la respiración, lo habitual es que la atención fluctúe y se vaya tras otros objetos que aparezcan, por lo general pensamientos, imágenes o recuerdos, o quizá una sensación corporal intensa o una emoción que te atrapa cuando tu única ocupación debería ser estar atento a la respiración. Por eso, sobre todo al inicio, igual que se acoplan unas ruedecitas a la bicicleta para facilitar que un niño aprenda a manejarla –aunque dejen de ser necesarias después– no hay que descartar el uso de algunas ayudas.

En el caso de la observación de la respiración, la ayuda más sencilla es contar mientras respiras. Puedes hacerlo contando de uno a diez al paso de cada espiración o repitiendo mentalmente un número con cada una de las inspiraciones y espiraciones. Este último sistema puede ser más eficaz al principio porque al no dejar de contar ni en la inspiración ni en la espiración, queda menos espacio para ser ocupado por el diálogo interno, principal responsable de que la atención se distraiga. Entonces, al inspirar dices para ti "uno", "dos" al espirar, "tres" al inspirar, "cuatro" al espirar y así sucesivamente hasta llegar a diez, y vuelta a empezar. Contar las respiraciones es un buen método para evitar que divague la atención.

Otra posible ayuda para mantenerte atento a la respiración es reemplazar los números de la cuenta por otra palabra que acompañe el acto de tomar aire y el de exhalarlo. Por ejemplo, en vez de decir "uno" al inspirar y "dos" al espirar puedes decir "inspiro" y "exhalo", respectivamente u otras palabras semejantes como "acepto" al inspirar y "suelto" al espirar. La finalidad es la misma que cuando se cuentan las respiraciones, aunque quien encuentre el acto de contar demasiado mecánico tal vez se sienta más motivado empleando estas otras expresiones.

Con el tiempo y la práctica, sea contando o repitiendo alguna otra palabra que acompañe el movimiento respiratorio, la atención se va estabilizando y paulatinamente aumenta la capacidad de mantenerse atento al fluir de la respiración. Aunque nunca habrá que descartar que se presenten distracciones lo normal es que disminuya su número y que pierdan fuerza. No hay que sentirse contrariado porque la mente produzca pensamientos y diálogo interno cuando querríamos estar simplemente atentos a la respiración. A fin de cuentas, la mente se comporta como siempre ha hecho y según le hemos enseñado durante toda la vida. Lo extraño sería que la mente nos obedeciera a la primera después de llevar tantos años robusteciendo su tendencia a no estarse quieta.

La atención

Junto al cuerpo y la respiración, el tercer elemento básico para meditar es la atención, y para comprender su intervención es necesario responder a dos cuestiones: hacia dónde se dirige la atención al meditar y cómo se ha de manejar durante el ejercicio. Básicamente, hay dos formas de dirigir la atención durante la meditación, que definen dos estilos diferentes de meditar. Una consiste en focalizar la atención en un objeto excluyendo todos los demás; la otra, en mantener la atención abierta y receptiva ante todos los estímulos que surjan sin excluir ninguno. El primer estilo se asemeja al del gato que observa sigilosamente a un ratón sin perder detalle de su posición y sus movimientos; el segundo, al del centinela que vigila desde su atalaya. De los muchos métodos y técnicas de meditación que se enseñan, la mayoría se basan en el primer estilo.

Al preguntarnos cuál ha de ser el objeto de la atención hay que recordar que no estoy empleando el término meditación en el sentido que tradicionalmente tiene en Occidente, sinónimo de reflexión sobre un tema, por lo que elegir un objeto no significa que al meditar haya que estar pensando en él. La atención es la herramienta psicológica con que se trabaja en la meditación, pero hace falta concretar a dónde hay que dirigirla, o sea, a qué hay que estar atento.

En realidad, hay varios objetos posibles aptos para servir de soporte a la meditación. Aunque elegir uno u otro sea una decisión personal, el testimonio de meditadores experimentados puede mostrarnos cuáles facilitan más el proceso. El objeto más comúnmente utilizado como diana de la atención durante el ejercicio de meditativo es la respiración. Es el que más se recomienda en la mayoría de escuelas y tradiciones, aun procedentes de culturas dispares. La respiración tiene la innegable ventaja de que siempre está presente, mientras que cualquier otro objeto podrá estarlo o no. Esa continua presencia de la respiración garantiza que no habrá que ir a buscarla, y, por tanto, facilita la práctica. Prestar atención a la respiración sirve de anclaje en el lugar y momento en que estamos, nos arraiga aquí y ahora, evitando que la mente divague o se deje llevar por fantasías o recuerdos. Además, observar durante un tiempo el flujo de inspiraciones y espiraciones produce serenidad, disminuye la probabilidad de responder automáticamente ante los estímulos que aparezcan y contribuye a agudizar la conciencia, es decir, la capacidad de darnos cuenta de la realidad.

La observación de la respiración a que nos hemos referido en el apartado anterior es la manera de convertir el flujo del aire que entra y sale al inspirar y exhalar en objeto primario de la meditación, por lo que no hace falta repetir las indicaciones que ya se han explicado. La atención a la respiración puede sostenerse contando de uno a diez o, sencillamente, observándola. En ocasiones, lo mejor es comenzar contando las respiraciones hasta que la atención se estabilice para continuar después con la observación en silencio, sin necesidad de contar.

También se puede meditar centrando la atención en una palabra o frase pronunciada interiormente en silencio, sin articularla con la lengua. Es lo que en la tradición hindú se conoce como meditación con mantras. Esa palabra que acapara la atención del meditador puede ser un simple sonido, no tiene por qué ser siquiera una palabra con significado. La palabra o frase que se elija es la misma que se va repitiendo lentamente durante toda la sesión. El empleo de una palabra como soporte de la atención no pretende alimentar la mente de contenidos para que tenga materia sobre la que reflexionar, que sería lo que en términos occidentales se llamaría "meditar sobre algo". Aunque la palabra o frase que escojas sea muy inspiradora y cargada de mensaje para ti, la meditación no es la ocasión para exprimirle su jugo, pues hacerlo robustecería la función pensante al mantener activo el diálogo interno. La finalidad de la palabra que sirve de objeto para la meditación es precisamente la contraria: que la mente esté entretenida con ese único objeto y así no divague mariposeando con distracciones, igual que mientras un perro tiene un hueso en la boca no ladra ni molesta a quienes se encuentren a su alrededor.

Elegir una palabra como objeto en que apoyar la atención al meditar no tiene nada de mágico, aunque algunas escuelas crean lo contrario y atribuyan propiedades y efectos particulares al uso de determinadas palabras. No obstante, puede que optar por una más acorde con tu configuración cultural y personal te predisponga mejor a implicarte en la práctica, a confiar y entregarte del todo, más que si te limitaras, por ejemplo, a contar del uno al diez. Repetir "paz", "amor" o "soy", quizá resulte más motivador que decir "tic-tac". No hay ningún problema en escoger la que más te guste. Por eso, tampoco tiene mucho sentido preguntarse si hay palabras mejores que otras, o si se debe ir cambiándola periódicamente en lugar de utilizar siempre la misma; porque la razón de anclar la atención en una palabra mientras se medita no es semántica, no importa el significado que le atribuyan el diccionario o el meditador a título individual.

También es posible acompasar la repetición de la palabra al ritmo de la respiración, recitándola una vez al inspirar y otra al espirar o solo al espirar. Lo mismo se podría hacer si lo que se repite es una frase, en lugar de una sola palabra: una parte de la frase al inspirar y otra al exhalar el aire. En este caso el soporte de la meditación es la palabra o la frase, y no la respiración a cuyo compás se recita. Lo importante es que cuando se emplea una palabra o frase como objeto de la meditación lo que cuenta es su materialidad como sonido, nunca su significado ni las asociaciones que pudiera desplegar. Así, si meditas apoyándote en la palabra "paz" no es para discurrir sobre la necesidad de paz en el mundo o para detectar qué situaciones de tu vida impiden que te sientas en paz contigo o cómo podrías contribuir a erradicar la violencia de la sociedad. No está mal reflexionar sobre estas u otras cuestiones similares, y si crees que eso te ayuda dedícale otros momentos del día, pero no durante la meditación.

Además de la respiración, otro recurso a nuestro alcance para centrar la atención en el presente son las sensaciones corporales. Poner en ellas toda la atención sirve también para reducir el volumen y la frecuencia del diálogo interno, porque al igual que la respiración, las sensaciones ocurren siempre en presente y depositando en ellas la atención nos arraigamos aquí y ahora en vez de dejar que la imaginación nos traslade a otros tiempos o lugares. La observación de las sensaciones que aparecen en el cuerpo puede emplearse de dos formas: bien como alternativa al empleo de la respiración solo durante los primeros minutos del ejercicio hasta que la atención se estabilice, antes de centrarla en el objeto elegido; o bien tomando directamente las sensaciones como soporte principal de la meditación. La diferencia respecto de la respiración es que las sensaciones corporales son más variables: aunque siempre las haya –como mínimo, el contacto con el asiento o el apoyo de los pies en el suelo– no se sabe de antemano cuáles aparecerán ni dónde. Por eso con las sensaciones habría que emplear un estilo atencional distinto, semejante al del centinela que, sin focalizar su atención en nada concreto, permanece alerta para detectar cualquier sonido o movimiento en el entorno y reaccionar a tiempo. En general, tenemos algo embotada la capacidad de notar las sensaciones por el predominio de la mente pensante, y tendemos a pensar las sensaciones más que a sentirlas.

Quienes meditan con los ojos abiertos podrían utilizar también algún objeto externo para depositar en él su atención durante el tiempo que dure la meditación. Una vela o una flor, por ejemplo, o un símbolo que para él sea significativo, como una cruz, un círculo, un cuenco vacío o la imagen de un maestro espiritual pueden cumplir esa función, siempre que la atención que se les preste sea como la que observa la respiración, es decir, sin convertir la sesión de meditación en un tiempo de reflexión o comentario sobre lo que ese objeto o imagen le sugiere. El objeto sobre el que se posa la atención al meditar no debe convertirse en combustible para alimentar el diálogo interno.

Y una vez hayas elegido cuál será el soporte de tu meditación, mejor que no le añadas nada más, ni siquiera música de fondo, ya que por la limitación de nuestro sistema atencional no podemos atender simultáneamente a dos estímulos. Colocar música ambiental obligaría a dividir la atención, que iría oscilando entre el objeto elegido –por ejemplo, la respiración– y la música. Fijar la atención en un solo objeto evita que se disperse saltando de rama en rama como un mono inquieto.

Propiamente, durante la meditación no hay que hacer nada, aparte de estar atento, que en sí no es una actividad. Sin embargo, como estamos habituados a llenar el tiempo haciendo cosas –sea manteniendo las manos ocupadas, sea simplemente pensando– puede que al que medita por primera vez le cueste entender qué significa no hacer nada. Como la mente pensante cree naufragar al verse despojada de las claves con que interpreta el mundo, no sería de extrañar que ante la recomendación de no hacer nada surgiera esta pregunta paradójica: "¿Y eso cómo se hace?". Porque la mente pensante tiende a explicar todo en clave de hacer, pero esa clave no sirve para la meditación, que consiste en estar simplemente, no en hacer. Ahora bien, comprender lo que de verdad eso significa requiere una práctica perseverante y continuada de meditación.

Una vez que hayas escogido qué objeto utilizarás de anclaje para tu ejercicio, conviene recordar que en esta clase de meditación focalizada en un punto la atención es voluntaria y deliberada; es decir, procuras mantenerte atento a propósito, sin que tu decisión de hacerlo dependa de la novedad o atractivo que encuentres en la práctica. Además, aunque la atención pueda mantenerse de forma sostenida en ese objeto de apoyo, no es incompatible con las distracciones. De hecho, hay que contar con ellas desde el principio y aprender a verlas, no como un obstáculo sino como la gran oportunidad para progresar en el camino de la meditación. No creas que eres un bicho raro o que no tienes aptitudes para meditar porque se te presenten frecuentes distracciones; es normal, porque el mono de la mente no aguanta mucho rato quieto y le gusta que lo mires saltando de rama en rama. Para aprovechar las distracciones convirtiéndolas en un elemento más del ejercicio, la clave está en redirigir la atención tan pronto como adviertas que se ha desviado hacia otro objeto. No debería preocuparte si buena parte de tu meditación transcurre en ese vaivén de la atención ya que, de hecho, puede resultarte más útil ser capaz de darte cuenta de la distracción y reconducir la atención a su objeto que permanecer largos periodos de tiempo sin ninguna distracción. No importa cuántas veces te distraigas, sino cuántas reorientes la atención al advertir su desenfoque. Pese a la muy extendida creencia de que meditar consiste en dejar la mente en blanco, cualquiera con algo de experiencia sabe que semejante afirmación es una estupidez porque suprimir pensamientos no es el objetivo de la meditación.

En este ejercicio, la atención es deliberada y sostenida, a la vez que ecuánime o carente de juicio, respecto de todos los fenómenos que aparezcan en la conciencia. Es probable que te preguntes si lo estás haciendo bien, o que consideres una experiencia agradable sentirte libre de distracciones y desees que se prolongue. En ambos casos te estarás dejando llevar por el automatismo con que habitualmente tendemos a juzgarnos y a etiquetar como positivo o negativo lo que estamos sintiendo. Para saber aceptar por igual las sensaciones placenteras y las aflictivas hay que cultivar una sana indiferencia que acalle la voz del juicio. Todo lo que experimentes durante la meditación se acepta tal como es sin preocuparte por evaluarlo. La aceptación de las distracciones implica no entretenerse con ellas, ni para apegarse a las que se presenten como pensamientos o sensaciones agradables ni para batallar contra las que parezcan intrusivas. Al hacerte consciente de la distracción, la consigna será siempre la misma: devolver con amabilidad la atención a su punto de anclaje. Es importante hacerlo suavemente, sin enfadarte porque te hayas distraído. En realidad, las distracciones son como las nubes que se desplazan por el cielo: están ahí sin que tú las hayas puesto, pero no te impiden ver el fondo azul. Todo está en dónde pongas tu atención: en el blanco de las nubes o en el azul del cielo. Por eso, en vez de malgastar tu energía en combatir las distracciones, lo mejor es permitir que ocupen un segundo plano focalizando tu atención en el objeto de la meditación. Porque, aunque no puedas escoger los pensamientos o sensaciones que experimentes, sí que está en tu mano elegir a dónde dirigirás tu atención cuando lleguen. De este modo te convertirás en testigo imparcial de tus contenidos mentales, sin juzgarlos.

También es necesario aprender a observar los impulsos que puedan surgir durante la meditación y que te empujen a cambiar de postura, rascarte, mirar el reloj o cosas por el estilo. Los impulsos se manifiestan como sensaciones vagas que indican que el cuerpo está preparado para actuar, junto a pensamientos e imágenes asociadas con esa acción. Ante los impulsos, igual que ocurre con las emociones, podemos actuar en la dirección que marcan o en la contraria. Aceptar los impulsos quiere decir no resistirlos ni intentar controlarlos: solo hace falta darles espacio. Como una ola que va creciendo hasta alcanzar la cresta para desvanecerse a continuación. Por tanto, la aceptación incluye todos los elementos que entren en escena mientras meditas: sensaciones, cogniciones e impulsos.

9

TIEMPO DE PRACTICAR

Por más que sepamos que el hielo del estanque es agua congelada, necesitaremos para fundirlo el calor del sol.

—Chinul[1]

Después de haberte aclarado qué es la meditación y cuáles sus elementos esenciales, a continuación transcribo un ejemplo de cómo podrían implementarse las consideraciones del capítulo anterior en un ejercicio concreto de meditación. Por supuesto, es una forma entre las muchas posibles de introducir una sesión; es más un ejemplo para que te familiarices con la práctica que una receta para seguir al pie de la letra. Aunque al principio es normal que uno dependa de introducciones como esta, que puedes leer o escuchar en una grabación, con el tiempo adquirirás la capacidad suficiente de sentarte a meditar sin necesidad de un guion que te dirija.

Siéntate en el lugar y en la postura que hayas elegido para este rato de meditación. Procura que sea un lugar silencioso

1. Maestro zen coreano del siglo XII.

y asegúrate de que durante el tiempo en que vas a meditar no serás interrumpido por llamadas telefónicas ni por nadie que pueda molestarte o que necesite hablar contigo. Utiliza un temporizador que te avise cuando finalice el tiempo que hayas reservado para este ejercicio y despreocúpate del reloj. Colócate erguido, pero sin rigidez; si meditas sentado en un cojín, formando una base triangular con tu apoyo en el asiento y las rodillas en contacto con el suelo. Si lo haces en una silla, con las plantas de los pies bien asentadas y sin apoyarte en el respaldo. La cabeza recta, como una prolongación de la espalda, como si un hilo invisible tirara de tu coronilla hacia arriba. Los ojos, abiertos o cerrados, como prefieras. Si tus hombros están levantados, déjalos caer y échalos un poco hacia atrás. Siente el peso de tus brazos a ambos lados del cuerpo y deja que tus manos reposen sobre las rodillas o en tu regazo. Siéntete arraigado en el asiento a la vez que mantienes una buena verticalidad.

Afloja las tensiones que detectes en el abdomen, la mandíbula y en la zona de los ojos y la frente. Recuerda que se trata de puntos donde suele acumularse la crispación y que soltarla puede contribuir a crear con tu cuerpo un gesto de confianza y aceptación de la realidad tal como es.

Seguidamente, dirige tu atención a la respiración observándola en el punto donde mejor la percibas: en el abdomen, en el pecho o en la nariz. Obsérvala sin más. No trates de controlarla intentando que sea distinta de como es; simplemente obsérvala. Date cuenta del aire que entra al inspirar hasta inundar todo tu cuerpo; y también del que sale al exhalar. Sigue con atención el ir y venir del aire, advirtiendo su diferente temperatura al entrar y al salir. Siempre que notes que algún pensamiento, sensación o emoción reclaman tu atención y dejas de observar la respiración, tan pronto como te des cuenta de haberte distraído, vuelve a ella con suavidad, sin enojarte contigo; y así, una y otra vez, y cuantas te desvíes de la serena atención al aire que entra y sale.

Si te ayuda, puedes contar mentalmente cada inspiración y cada espiración hasta llegar a diez y volver a empezar. O, si lo prefieres, en lugar de contar las respiraciones, repetirte interiormente una palabra al ritmo del aire que entra y sale. Recuerda que no es para que pienses en esa palabra, sino para que al repetirla en silencio se acalle tu diálogo interno y te centres con facilidad en lo único que ahora tienes que hacer: observar la respiración.

Permanece lo más atento que puedas al objeto que hayas escogido como soporte para meditar, volviendo a él siempre que adviertas tu distracción. Recuerda que no es cuestión de hacer nada, sino solo de estar aquí y ahora, viviendo con plenitud el momento presente.

Cuando escuches la señal de haberse cumplido el tiempo del ejercicio, no tengas prisa por levantarte ni lo hagas bruscamente; mueve primero un poco tus miembros o estíralos si lo necesitas para regresar a tus tareas con normalidad.

Realizar con regularidad un ejercicio como el que te acabo de explicar es la forma más potente de desarrollar la función observante. Lo ideal es practicarlo a diario, integrándolo como un elemento esencial de tu organización del día, igual que el aseo personal, la comida, el tiempo de ocio o la consulta del correo electrónico. Es importante no dejarse llevar por la tendencia –muy natural, por cierto– de posponerlo para otro momento indeterminado, que luego difícilmente llega. También habrás de vencer la inercia de supeditar la práctica a que te apetezca realizarla, haciéndola depender de tu estado de ánimo o de las excusas que encuentres para omitirla. Quizá lo mejor es que, si comprendes que merece la pena, trates de incorporarla paulatinamente a tu jornada. Conviene ser realistas en cuanto a las posibilidades de practicar a diario, sin crearte expectativas desmesuradas que no vayas a poder cumplir. Cada uno sabe de cuánto tiempo dispone a lo largo del día, de modo que es difícil dar una pauta que sirva para todos, pero es fundamental la intención sincera de querer meditar, porque si no, no lo harás, por muy buenos propósitos que te hayas formulado.

En todo caso, siempre sería posible introducir microespacios de meditación durante el día, aprovechando quizá las pausas o tiempos muertos que te queden entre dos actividades, mientras esperas a que llegue la persona con quien tienes una cita o, sencillamente, como recurso para reconectarte con el presente de forma periódica, igual que se hace un alto en el trabajo para tomar un café o fumar un cigarrillo. También hay aplicaciones para móvil que hacen sonar cada cierto tiempo una campana o gong como recordatorio para tomar conciencia de ti mismo en la situación en que te encuentres cuando la oigas sonar. Estos microespacios pueden ser muy útiles como entrenamiento de la atención, pero lo ideal es dedicar a la meditación un tiempo suficientemente largo para que despliegue toda su fuerza, ya que bien sabemos que unos cuantos segundos no suelen bastar para centrar la atención y que disminuya la interferencia del diálogo interno. Si nunca has meditado, empieza probando periodos de al menos diez minutos, y vete incrementándolos poco a poco hasta conseguir llegar a la media hora, aproximadamente.

La experiencia me ha enseñado que la mejor manera de asegurarte lo que quieras hacer es no dejarlo para el final del día, porque pueden ocurrir acontecimientos o encuentros imprevistos que te obliguen a cambiar de planes y que se coman el tiempo con que contabas al principio. Por eso me atrevo a sugerirte que trates de introducir un espacio de meditación cada mañana, antes de comprometerte con tus ocupaciones. Sé que puede costar levantarte un poco más temprano para meditar, pero si tu interés es genuino lo conseguirás sin mayor dificultad. Empezar a notar cambios en tu vida, bien porque tú te des cuenta de ellos o porque los adviertan quienes te rodean –que suele ser lo más frecuente–, será el mejor refuerzo para vencer la pereza.

Pero, aun siendo el instrumento más eficaz para desarrollar la función observante, sentarse a meditar durante media hora no es el único medio de lograrlo. Incluso me atrevería a afirmar que la verdadera fuerza del ejercicio se adquiere fuera de él, en la vida corriente, cuando nos dedicamos a otras tareas. Es decir, el tiempo de meditación es tan importante como el de no-meditación. Será en la vida normal, mientras trabajas, estudias, comes con la familia, te diviertes con tus amigos o paseas por la calle, donde se manifiesten los efectos de la meditación. Pero para que de verdad se generalicen en tu vida los beneficios de esa práctica hay que cultivar también sus elementos esenciales en todas las circunstancias. En otras palabras, hay que aprovechar las mil oportunidades que te ofrece un día cualquiera, hagas lo que hagas y estés donde estés, para utilizarlas como complemento de la meditación. De algún modo, se tratará de meditar sin estar meditando.

Existen, por tanto, dos modalidades de práctica. Una, más formal, que es el ejercicio de meditar sentado siguiendo las indicaciones expuestas anteriormente; otra, informal, en que cualquier actividad que tengas que llevar a cabo durante el día puede convertirse en ejercicio de la función observante. La cuestión es no limitar el desarrollo de la función observante a la meditación formal, sino aprender a servirte de otras circunstancias para hacerlo. Aunque a priori valdría cualquier actividad, en la práctica no todas resultan igual de apropiadas; hay tantas para elegir que no cabe hacer una lista cerrada. Puede ser el cepillado de los dientes, la ducha, la preparación del café, esperar en la parada del autobús, el trayecto en el ascensor de tu oficina, la conversación con un cliente, etc. Como ves, son casi infinitas las situaciones en que puedes hallarte y que serían aptas para la práctica informal.

¿De qué se trata? Obviamente, cuando no estamos en un lugar tranquilo en que podamos implementar las instrucciones para la meditación formal, no hay que pretender replicar ese ejercicio en otro contexto, por una razón muy sencilla. El ejercicio formal de meditación no tiene más objetivo que la práctica en sí, a diferencia de las otras actividades que realicemos durante el día. Por ejemplo, cuando estamos bajo la ducha el objetivo es limpiar el cuerpo de la suciedad o impurezas que haya acumulado aportándole frescor e hidratación y para conseguirlo hay que utilizar los medios más adecuados: esponja, jabón y agua caliente; y cuando comemos un bocadillo lo hacemos para recuperar la energía desgastada por el trabajo. Es decir, no nos duchamos por el hecho de ducharnos ni comemos por comer, sino que hay una finalidad u objetivo distintos de la propia actividad, mientras que en la meditación formal no es así.

Hay una importante diferencia entre la práctica formal de la meditación y su versión informal aprovechando situaciones y tareas que se realizan en la vida corriente. En la práctica formal, además de las pautas a seguir en cuanto a la postura del cuerpo, se elige un elemento que sirve de anclaje al presente, generalmente la respiración, y que es el objeto primordial de la atención durante el tiempo dedicado al ejercicio. La atención que se presta a ese objeto excluye la que reclamarían otros elementos presentes en la situación como, por ejemplo, la mosca que vuela por la sala, el frenazo del coche que se detiene bruscamente ante un semáforo próximo o el runrún interior que no para de recordarnos un problema pendiente de resolver. Dado que es el objeto primario el que ha de recibir la atención del meditador, los demás se considerarían distracciones, porque la apartarían de aquel. En la práctica formal la atención es unidirireccional, de modo que la instrucción que recibe el meditador es que ha de volver a centrarse en su objeto cuantas veces constate que se ha distraído enganchándose a otros. Sin embargo, en la práctica informal esto no es posible porque si estamos realizando una tarea, aunque sea muy simple, no podemos concentrar toda la atención en un solo objeto y considerar distracción las demás cogniciones o sensaciones que puedan aparecer. Por ejemplo, si estoy conduciendo un coche, no puedo permanecer atento solo al volante, desconectando de todo lo demás, sino que la naturaleza de esa actividad me exige tener en cuenta todos los elementos que afecten a la conducción, incluidas las señales de tráfico y las circunstancias concretas de la situación. Pese a ello, podría aprovechar el trayecto en coche como práctica informal abriendo la atención a todos esos estímulos. Al conducir el vehículo, el objetivo es desplazarse de un lugar a otro, lo que exige ampliar el foco atencional hasta alcanzar no solo los elementos externos del tráfico (semáforos, distancia respecto de otros vehículos, comportamiento de los otros conductores, etc.) sino también los internos (conocimiento de la ruta, estimación de las distancias, anticipación de peligros, etc.). La actividad cognitiva que en la práctica formal sería distractora e invitaría a regresar al anclaje en el objeto primario de la meditación, en la práctica informal sí es relevante y también ha de ser atendida. En este sentido, todo lo que se halle en el campo perceptivo cuando se ejecuta una tarea como práctica informal de meditación puede formar parte de ella, siempre que no entorpezca el desempeño correcto de la actividad –porque entonces sí sería distracción–, lo cual no excluye servirse de algún elemento que sirva de anclaje –el tacto del volante, por ejemplo– y emplearlo como señal que nos recuerde redirigir la atención cuando hayamos activado el piloto automático.

Lo interesante es que, combinando meditación formal e informal, se produce una valiosa retroalimentación entre ambas, de manera que la meditación formal facilitará la práctica informal y viceversa. Siendo constantes en la formal, desarrollaremos la capacidad de estar más presentes, con los cinco sentidos, en el resto de las tareas que acometamos durante el día; y aprovechando a menudo tantas ocasiones como nos brinda la vida para conectar con el aquí y el ahora –igual que haríamos si estuviéramos sentados en meditación, pero con la diferencia de que estaremos realizando otra tarea– llegaremos a la meditación formal mejor predispuestos.

La práctica informal es más flexible porque permite emplear las situaciones que prefiramos y hacerla cuantas veces al día queramos.

No es cuestión de obligarse a permanecer las veinticuatro horas del día practicando para desarrollar la función observante. De hecho, habrá momentos en que las circunstancias de la tarea que hayamos de ejecutar requerirán el modo pensante como el más adecuado. En otros casos, dejar que la mente vague pensando en las musarañas al tiempo que hacemos otra cosa también puede servir de descanso. No olvidemos que la atención consume energía y no está mal ahorrar recursos atencionales para gastarlos cuando sea preciso. La moderación es el mejor aliado para alcanzar un sano equilibrio.

Por tanto, la recomendación es elegir alguna acción que seguro que vayas a realizar en el día y usarla para practicar y fortalecer tu capacidad de estar ahí con los cinco sentidos. Pueden ser acciones tan simples como abrir una puerta con la llave, algo que probablemente hagas siempre por rutina y sin fijarte en los muchos detalles sensoriales que podrías percibir: el tacto de las llaves cuando las sacas del bolsillo, el sonido que producen al chocar entre sí, la suavidad o aspereza con que encaja la llave en la cerradura, el movimiento de tus manos al girarla, etc. Parece increíble que acciones tan comunes y sencillas como abrir una puerta encierren semejante arsenal de experiencias cuando se vuelca en ellas toda la atención.

Supongo que ya te habrás percatado de que, a la hora de elegir tareas para la práctica informal, lo decisivo no es tanto qué actividad concreta utilices, sino la manera de realizarla. La clave estará en cómo lo hagas. A diferencia de la práctica formal, en que se busca un espacio determinado donde sentarse siguiendo unas instrucciones básicas para saber estar en esa situación, la práctica informal habrá de realizarse en unas condiciones que muchas veces vendrán dadas por el ambiente y que no siempre dependerán de ti. Por ejemplo, si quieres aprovechar como ejercicio subir hasta tu casa por las escaleras, en lugar de utilizar el ascensor, no está bajo tu control lo que vayas a encontrar por el camino: si los peldaños estarán limpios o con polvo, si te cruzarás con algún vecino en el rellano… Pero cualesquiera que sean las circunstancias, lo que sí dependerá de ti es la manera en que subas las escaleras, la atención que pongas al hacerlo. Sin embargo, también hay muchas otras actividades cotidianas en que podemos controlar más la situación y que, pese a haberlas automatizado a fuerza de repetirlas, se prestan muy bien a ser realizadas saliendo del piloto automático. Es el caso de cepillarte los dientes, algo que probablemente hagas varias veces al día y que te brinda una magnífica oportunidad de ejercitarte en estar atento a las sensaciones que se producen desde que desenroscas el tubo de pasta y depositas con cuidado una pequeña porción en el cepillo hasta que al terminar te enjuagas la boca. De lo que se trata es de que el tiempo dedicado a la higiene dental sea solo para limpiarte los dientes, realizando con plena conciencia los movimientos del cepillo, en lugar de dedicarte a ensayar cómo vas a decir a tu jefe que necesitas un aumento de sueldo, repetirte el estribillo de una canción que no te sacas de la cabeza desde que te has levantado, o recordar el reproche que ayer te hizo tu vecino cuando subíais juntos en el ascensor. En definitiva, que sea la ocasión de estar donde estás y poniendo los cinco sentidos en lo que estés haciendo.

Con la popularidad del mindfulness en los últimos años, algunos pueden creer que esto es un invento budista exportado a Occidente como una moda pasajera. Sin embargo, ya los antiguos romanos tenían una máxima: *age quod agis*, que expresa esta misma idea de centrarse en lo que se está haciendo, poniendo en ello toda la atención. Haz lo que haces en cada momento: anda cuando estés andando, come cuando estés comiendo, lávate las manos cuando estés lavándote las manos, pela una naranja cuando estés pelando una naranja, recoge la basura cuando estés recogiendo la basura… ¡Nadie podrá alegar como excusa que no encuentra tiempo para ponerlo en práctica!

IV

JUNTO A LA PARED TRANSPARENTE

El hombre es incapaz de ver la nada de donde sale
y el infinito al que está lanzado.

—Pascal

10

USAR LAS DOS PARTES DE LA CASA

La mayoría de nuestras equivocaciones en la vida nacen de que cuando debemos pensar, sentimos, y cuando debemos sentir, pensamos.

—John Churton Collins[1]

Cuando en el sueño descubrí que mi casa no era tan pequeña como yo imaginaba sentí un gran alivio, ya que ganando espacio tendría más comodidad. Además, la parte recién descubierta no parecía un simple añadido, sino que su aspecto era el de una casa nueva y completa con todas sus habitaciones equipadas; como suelen decir los vendedores de pisos, estaba lista para entrar a vivir. Refiriéndolo a la mente, las dos partes de la casa representan dos modos distintos de relacionarnos con las sensaciones y cogniciones que integran la experiencia consciente. La parte más estrecha simboliza la mente pensante, gobernada por el lenguaje: esta es la casa de toda la vida, en la que nos hemos acostumbrado a vivir en compañía de los pensamientos y resguardándonos de las emociones que nos hacen sentir

1. Crítico literario británico (1848-1908).

mal. Así nace la sensación de estar en un espacio muy reducido. La parte amplia y luminosa simboliza la mente vigilante, mucho menos frecuentada, aunque siempre disponible. Es la gran desconocida, no porque esté lejos, sino porque en ella pasamos bastante menos tiempo que en la otra.

Los ejercicios de los capítulos anteriores pretenden familiarizarte con esa otra forma de relación con los contenidos mentales, no basada en el pensamiento y el diálogo interno, sino en su observación imparcial. Sin embargo, su finalidad no es conseguir que renuncies a la función pensante, que también es valiosa, sino que, conociendo la diferencia entre ambas, estés en condiciones de elegir cuál conviene en cada situación. Lo ideal sería lograr cierto equilibrio, pero eso no será posible mientras no hayas adquirido suficiente flexibilidad para saber cambiar de un modo al otro. Utilizando el simbolismo de la casa del sueño, esto equivaldría a moverte con libertad por todas sus estancias.

Además, no limitándonos a ocupar exclusivamente la parte conocida de la casa se amplía el espacio en que puede desarrollarse nuestra vida y se superan los principales inconvenientes de vivir encadenados a la mente pensante. Por un lado, favorece que nos despeguemos de los pensamientos pues, al contar con más espacio, podemos observarlos desde cierta distancia sin dejarnos atrapar por ellos. Por otro, permite acoger las experiencias indeseadas que antes pretendíamos evitar porque hay sitio suficiente para todas.

Ahora bien, la casa del sueño es solo una analogía, y como tal, una imagen imperfecta de la realidad; porque cuando estás en casa no te pasas el día moviéndote de una habitación a otra, y, sin embargo, en la mente sí que se suele oscilar con rapidez entre los dos modos de interactuar con ella. Desde este punto de vista, la mente pensante y la observante se asemejan más a dos carriles de una autovía que a los dos niveles de un dúplex. Cuando conduces un coche lo habitual es ir cambiando de carril en función de las circunstancias del tráfico; si te sitúas en un carril no es para obligarte a permanecer en él todo el trayecto, aunque durante un viaje circules más tiempo por uno que por el otro. Los dos modos de estar en la mente (pensante y observante) funcionan como carriles que permiten pasar de uno a otro con agilidad. Esto lo puedes observar en tu vida diaria y también en la meditación, en que, a pesar de ser el ejercicio por antonomasia de atención observante, no evita que pises –y más a menudo de lo que querrías– el carril pensante. Es lo que ocurre cuando se presentan interferencias en forma de pensamientos o diálogo interno, que distraen la atención y que sirven de aviso para enderezarla de nuevo, situándote en el carril observante.

Desarrollar la función vigilante, generalmente atrofiada por falta de uso, ayuda a conocer cómo se ven las cosas desde ese otro lado y te da una perspectiva nueva para saber estar en tu casa de toda la vida, pero de distinta manera. Porque los pensamientos y el diálogo interno son necesarios, siempre que no lleguen a ser los que manejen el timón de tu existencia. Fortaleciendo la función vigilante adquieres objetividad para comprender la auténtica naturaleza de los contenidos mentales, sin dejarte cautivar por ellos. Es decir, aprendes que los pensamientos son solo pensamientos, las sensaciones solo sensaciones y el diálogo interno, solo palabras. Descubrir esa evidencia te enseñará que una cosa es la realidad y otra lo que tú piensas de ella; que una cosa es la vida y otra el relato que tú escribes explicándotela.

Además, con el entrenamiento de tu capacidad de observar como un testigo sin juzgar ni hablar por dentro, aceptando la realidad tal como fluye en el presente en que estás, apreciarás qué distinto es su sabor original cuando no lo filtran el lenguaje y el pensamiento. Es posible que te atrevas a decir que se conoce mejor la realidad cuando la observas en silencio que cuando la piensas y juzgas, y tal vez no te falte razón, aunque opinen lo contario los que solo saben pensar y juzgar la vida. También el protagonista de mi sueño estaba convencido de que su casa era demasiado pequeña porque ignoraba que en la mismísima pared de su triste y exigua salita se ocultaba la puerta de entrada a una casa amplia y luminosa, que también era suya.

Llevando tanto tiempo encerrados en el exiguo habitáculo de la mente pensante se comprende la resistencia de muchos a abrirse a otras posibilidades. La estrecha casa de la mente pensante podrá ser muy incómoda y agobiante, pero no es menos cierto que ofrece un refugio seguro. Siempre cuesta salir de la zona de confort, sobre todo cuando es para ir en una dirección desconocida y hay que vencer prejuicios que generan desconfianza. Pero decidirte a empujar la puerta y pasar al otro lado representa un punto de inflexión capaz de transformar tu manera de estar el mundo. Merece la pena intentarlo.

¿Cómo es posible que algo aparentemente tan simple prometa cambios tan profundos? No siempre las grandes proezas se han realizado con medios extraordinarios. Recuerda el episodio bíblico del enfrentamiento del pequeño y joven David con el gigante Goliat[2], al que logró vencer pese a la desproporción de sus fuerzas, lanzándole con su honda un guijarro que impactó mortalmente en la frente del gigante. Una piedrecita fue suficiente para noquear al valiente y aguerrido Goliat.

Quizá una buena forma de superar las resistencias a salir del modo pensante sea probando la diferencia entre los dos estilos de convivir con los contenidos mentales. Todos podríamos recordar experiencias en que, sin habérnoslo propuesto, hemos visitado la otra orilla. Pero puede que no hayamos sabido apreciarlas ni darles importancia, bien porque muchas veces ocurren en circunstancias imprevistas o por sorpresa, bien por tratarse de incursiones en esa otra orilla demasiado fugaces, casi imperceptibles, de las que inmediatamente retrocedemos a nuestra trinchera pensante. No me refiero a experiencias extraordinarias o inusuales, sino todo lo contrario. Son momentos corrientes y en apariencia triviales, pero que, paradójicamente, dejan huella en la memoria para toda la vida. Sería el caso, por

2. 1 Samuel, 17

ejemplo, de quien aún revive de adulto lo que sentía cuando siendo niño se entretenía jugando en el suelo, arrullado por el monótono tictac de un reloj de pared, mientras su abuela, callada, tejía a mano un jersey de lana; o también de quien evoca aquella tarde lejana en que, paseando por la montaña, entró a descansar unos minutos en la penumbra de una ermita románica y se vio envuelto por una atmósfera de silencio que le permitió captar como nunca los pequeños sonidos del ambiente, el olor de la cera que ardía en un candelabro o el regusto del incienso que impregnaba sus muros de piedra. Como ves, no son la clase de acontecimientos que merecerían ser reseñados en su biografía, pero a ellos les dejaron un sabor que perdura porque se sintieron conectados de un modo especial con el presente en que ocurrieron aquellas experiencias.

¿Qué tienen en común esos momentos que, sin ser nada del otro mundo, los percibimos con una calidad diferente, como si por un instante nos transportaran a otra dimensión? Se trata de experiencias en que conectamos con la vida en tiempo real y no precisamente porque la situación en que suceden sea el desencadenante: quizá muchos de los que visitaran aquella tarde la misma ermita románica del ejemplo anterior se llevarían unas fotos para compartir en sus redes sociales antes de acabar el día y nada más. Está claro que las cosas con que nos encontramos no son la causa de ese tipo de experiencias porque pueden estar presentes y no producirse. Como habrás adivinado, lo determinante es tu actitud en cada situación, no hacia dónde miras o qué es lo que ves u oyes, sino cómo lo miras, lo ves o lo oyes.

Ejemplos como los anteriores muestran que nos acercamos al presente cuando se despierta nuestra capacidad de ser simplemente testigos de la escena. Adoptando el papel de observador, es la información recibida a través de los sentidos la que adquiere el protagonismo y relega a un segundo plano lo que se piensa o se dice interiormente, justo al contrario de lo que ocurre funcionando en piloto automático, en que la vertiente pensante ahoga la posibilidad de vivir en plenitud lo que tenemos delante. Imagina que sales a pasear por el bosque y que, dejando a un lado tus preocupaciones, como pensamientos recurrentes sobre el futuro o recuerdos obsesivos de acontecimientos mal digeridos, te dedicas tranquilamente a saborear las sensaciones que encuentras por el camino. Compárala con esta otra situación: conduciendo tu coche de regreso a casa después de trabajar, no eres capaz de quitarte de la cabeza el problema que acaban de plantearte en la oficina, la incertidumbre por la salud de tu pareja o esa melodía que –sin saber por qué– te acompaña machaconamente desde que te levantaste. ¿Cuál es la diferencia? En el caso del paseo por el bosque, lo que ocupa la mente son básicamente percepciones: lo que ves, oyes, hueles, tocas o sientes. Puede que las imaginaciones, recuerdos y fantasías no desaparezcan del todo, que sigan ahí, pero en segundo plano, de modo que pueden pasar casi inadvertidos porque la sensación es lo primordial. En el caso del coche ocurre lo contrario: la información sensorial cede el protagonismo a la mente pensante, que es la que monopoliza tu atención; obviamente, las percepciones se producen, están ahí, pero tú estás "en otra cosa", embebido en una rumia interminable que te desenfoca del entorno. Lo que distingue ambas situaciones es el peso relativo de cada una de las dos vertientes, la pensante y la observante, y no el hecho de estar físicamente en medio de la naturaleza o en la vorágine de la ciudad. No vale decir que el bosque es relajante y el coche estresante porque también hay quien no desconecta de sus preocupaciones mientras pasea y quien se siente a gusto conduciendo.

La importancia de conocer por experiencia qué distintos son esos momentos en que sin dejarnos absorber por la ensoñación nos anclamos al presente y disfrutamos de él, como sucede, por ejemplo, contemplando una puesta de sol, es que puede ser el trampolín que nos empuje a desarrollar esa capacidad, sin esperar a que el encuentro con el ahora ocurra por casualidad. Ahora bien, el entrenamiento de la función observante de la mente es simple y a la vez difícil. Simple, porque no requiere estar dotado de capacidades extraordinarias o emplear medios que no estén a nuestro alcance. Pero eso mismo lo hace difícil. Me recuerda una anécdota que leí alguna vez. Cuentan que un párroco estaba predicando en la misa dominical: "Queridos feligreses, tengo que comunicaros dos noticias: una buena y otra mala. La buena es que ya tenemos todo el dinero que necesitaremos para reparar las goteras del tejado y pintar la iglesia. La mala es que ese dinero, por ahora, está en vuestros bolsillos".

Siendo una capacidad que todos tenemos, no debería haber excusa para no decidirte a desarrollarla, ni siquiera aun cuando creas que esto no es para ti porque te parezca que te falta aptitud. Las diferencias individuales existen, por supuesto, y en parte tienen una explicación hereditaria pero mayormente son los aprendizajes de cada historia personal los que las determinan. Ahora bien, esa predisposición individual es tan solo el punto de partida y no constituye el principal obstáculo para progresar en su desarrollo. Avanzar más o menos dependerá de otras variables, entre ellas la constancia en el entrenamiento. Ocurre algo parecido en el ámbito académico: estudiantes con cocientes intelectuales normales pueden obtener buenas calificaciones y completar un itinerario formativo que, en opinión de muchos, estaría reservado a superdotados con mentes privilegiadas. Los buenos hábitos de estudio, la regularidad, el esfuerzo mantenido y la resiliencia frente a los fracasos que aparezcan por el camino pueden hacer milagros.

Si entrenar la atención resulta complicado es porque exige algo que no todas las personas están dispuestas a poner en acción: su voluntad. Entre los asistentes a cursos y talleres de autoayuda, crecimiento personal y meditación he conocido muchos cazadores de novedades, que acuden porque les interesa el tema o porque han oído hablar de él en los medios de comunicación y sienten curiosidad por conocerlo, pero a la hora de la verdad no se deciden a implementar en su vida lo que se les enseña. Quizá se conformen con la satisfacción de un conocimiento teórico y superficial de las cosas, pero les falte motivación para asumir el riesgo de comprometerse hasta el fondo. Solo cuando se integra como vivencia personal puede considerarse auténtico el conocimiento. Por eso, todo lo que hayas leído hasta ahora en este libro puede sonarte muy bien, pero si no lo practicas, de poco te servirá. Te aconsejo, querido lector, que no creas como cierto nada de lo que te he dicho porque te lo haya dicho: créelo en la medida en que lo experimentes. Y aquí está el problema: hay que ponerse manos a la obra y empezar a practicar. No basta con leer libros o asistir a cursos, por muy atractivos que parezcan. La cuestión no es convertirte en coleccionista de ideas brillantes, sino atreverte a probar a qué sabe ese plato del que has aprendido la receta.

Por otro lado, que entrenar la atención fortaleciendo la función observante de la mente sea algo muy simple no significa que sea tarea de un día: el tiempo también cuenta. Para comprobar en primera persona a dónde conduce este camino los mejores aliados son la voluntad y el tiempo, es decir, tener la firme decisión de practicar y no dejar de hacerlo. Tal vez las primeras impresiones sean tan gratificantes que ayuden a mantener la práctica durante algunas semanas o meses. Sin duda contribuirán a ello los benéficos efectos que suelen producirse ya desde los inicios.

11

UNA PERSPECTIVA NUEVA

Solo los que se arriesgan a ir demasiado lejos saben hasta dónde se puede llegar.

—T.S. Eliot

Cuando alguien emprende un camino, es normal que se pregunte a dónde lo llevará. Contar con un buen mapa o GPS le ayudará a no desorientarse. También el que se inicia en la meditación está dando los primeros pasos de un camino. ¿Qué espera encontrar? Probablemente su interés haya nacido al oír hablar de los beneficios que otras muchas personas han logrado gracias a la meditación. Estos efectos positivos están avalados por las numerosas investigaciones que empezaron a realizarse en el siglo pasado, sobre todo en el ámbito de la meditación trascendental[1], y que más recientemente se han multiplicado entre los divulgadores del mindfulness.

1. Técnica de meditación que originó un movimiento creado en la India por el gurú Maharishi Mahesh Yogi a mediados del siglo pasado y que se extendió por todo el mundo en la década de los sesenta.

Los resultados son bastante consistentes y evidencian un abanico de beneficios que incluye aspectos psicológicos, como el desarrollo de la serenidad, y también fisiológicos, como la disminución del dolor crónico. Pero, sin duda, el efecto mejor estudiado y por el que más se conoce el mindfulness es la reducción del estrés y otros trastornos asociados: hipertensión, problemas cardiacos, insomnio o ansiedad. Mindfulness es eficaz contra el estrés y la ansiedad porque, además de inducir un estado de calma y claridad mental, disminuye los niveles de cortisol, la hormona que se libera en situaciones de estrés, a la vez que ayuda a detectar en sus primeras fases las respuestas desadaptativas responsables de esos trastornos.

Es comprensible que muchos se interesen por la meditación buscando conseguir esos resultados para estar mejor, aunque en realidad no sean más que simples efectos secundarios. Quizá con la meditación haya pasado como con tantos fármacos que en la historia de la medicina terminan utilizándose para tratar enfermedades para las que no se habían diseñado, aprovechando los efectos secundarios que producen. Es el caso, por ejemplo, de la iproniazida, una sustancia sintetizada para el tratamiento de la tuberculosis pero que, al descubrirse por casualidad que elevaba el estado de ánimo de los pacientes, pasó a emplearse como el primer antidepresivo hacia 1950. Bienvenidos sean estos hallazgos, aunque me pregunto si los efectos beneficiosos que produce la meditación son todo lo que cabe esperar de ella. El origen de las principales tradiciones meditativas se remonta a épocas lejanas, en que el estrés y la ansiedad no eran un problema como lo son hoy, por lo que parece evidente que la meditación no surgió para resolverlos, lo cual no impide alcanzar efectos positivos empleándola con ese fin. El inconveniente es que, si la meditación sirve para algo más, conformándose con superar ciertos problemas físicos o psicológicos, puede que el meditador deje de sentirse motivado para seguir practicando y no llegue todo lo lejos que podría ir.

El éxito con que en las últimas décadas se ha difundido la meditación por amplios sectores de la sociedad, como el educativo o el sanitario, obedece en parte al inteligente uso como reclamo publicitario de algunos de estos efectos, lo cual no es malo, por supuesto, si los beneficios que reporta contribuyen al bienestar de la gente, pero siempre que no eclipse la verdadera razón de ser de la meditación. Porque utilizándola solo para obtener beneficios como los que se han descrito en meditadores experimentados –que no la practican con ese fin– se corre el riesgo de perderse lo mejor de la película. ¿Qué dirías si alguien decidiera aprender a tocar el piano para adquirir más agilidad en los dedos? Aunque es de esperar que ese resultado se produzca a fuerza de ejercitar las manos sobre un teclado, está claro que no inventaron el piano para eso, sino para interpretar música.

Entonces, si los beneficios inmediatos de la meditación son solo sus efectos secundarios, ¿cuál es el efecto principal? Preguntémoslo a mi sueño de la casa de la mente. Nada más traspasar la puerta secreta comencé a recorrer con curiosidad todo el espacio recién descubierto, pasando por sus habitaciones hasta llegar a través del pasillo a la sala más amplia, que acababa en un gran ventanal encristalado desde el que se veía el exterior. Este desplazamiento por la casa nueva y amplia me pareció una invitación a explorar la parte menos frecuentada de la mente, que no habría conocido bien mirándola sólo desde la puerta. Esto sugiere que la meditación es un viaje por el extenso territorio de la mente y que para realizarlo no basta con leer un libro y dedicar algunos minutos a ponerlo en práctica, sino que hace falta un proceso de profundización gradual. Meditar es un proyecto siempre inacabado que se desarrolla en el tiempo, es un camino para toda la vida.

Pese a las buenas impresiones de los comienzos, sería ingenuo imaginarlo como un camino de rosas, pues no todo lo que se encuentre al pasar será una experiencia gratificante. La linterna de la meditación puede mostrarnos también lo que esconden los rincones mal iluminados de la mente, la vida que inconscientemente nos negamos a vivir y que nos acompaña siempre como una sombra. Quizá nos topemos con ella como se tropieza con los trastos amontonados al entrar en un desván oscuro. Aunque resulte doloroso, es ineludible ese encuentro con la sombra, no para combatirla sino para que al reconocer y aceptar serenamente que está ahí puedan sanar muchas de nuestras heridas. En este aspecto, se aprecia cierto paralelismo entre la meditación y el psicoanálisis, como ha puesto de manifiesto Roberto Longhi en su interesante obra *Psicoanálisis y espiritualidad*[2].

Al ser un camino largo, la tentación de abandonarlo puede asomar en cualquier momento. A veces, porque a algunos ya les basta con los logros conseguidos tras unas pocas semanas de práctica y no se sienten motivados a continuar; otras, por aburrimiento o por no ser capaces de soportar enfrentarse con su propia sombra. Ante ese dilema, lo aconsejable es procurar no enredarse ni con lo bueno ni con lo malo que se encuentre por el camino, porque ambas cosas pueden ser un obstáculo para seguir adelante. Parafraseando a san Juan de la Cruz, para progresar no hay que entretenerse cogiendo las flores ni espantarse por miedo a las fieras[3].

En el sueño, el recorrido por la vivienda terminaba junto a una enorme pared de cristal, que marcaba la frontera entre la casa y el panorama sin límites que se divisaba desde allí. Lo que se veía al otro lado del ventanal ya no era una dependencia más de la casa, sino el vasto terreno donde estaba edificada. El itinerario seguido, partiendo del exiguo apartamento con poca luz que yo creía que era mi casa, me había conducido a través de la zona recién descubierta a percatarme del fundamento donde se asentaba la casa, y del que no era consciente mientras me desplazaba por el espacio que delimitaban sus paredes. Obviamente, conocer cómo era el paisaje en que estaba situada no cambiaba la estructura ni las dimensiones de la casa,

2. Publicada en Editorial Herder (2022).

3. Dice en la estrofa tercera de *Cántico espiritual*: "Ni cogeré las flores, ni temeré las fieras, y pasaré los fuertes y fronteras".

pero sí que contribuía a vivir en ella de otra manera, pues de algún modo su estrechez se veía compensada por la belleza y la amplitud del suelo en que tenía sus cimientos. Sentir tan cerca la inmensidad de fuera mitigaba los inconvenientes de estar dentro de la casa y lo hacía más soportable.

Además, por la pared de cristal entraba mucha luz, ya que el sol brillaba con fuerza y sus rayos inundaban la estancia en que me encontraba. Al caer en la cuenta de que la luz que hacía visible el paisaje exterior era la misma que penetraba, en mayor o menor medida, en todas las habitaciones de mi casa, se relativizaba la separación creada por sus muros. Porque era reconocer que, en cierto sentido, mi pobre casa también pertenecía a ese paisaje, ya que recibía de él su claridad; en otras palabras, que estando en mi casa estaba a la vez en medio de la inmensidad.

Esta escena del sueño en que me veía junto a la pared transparente es una imagen que expresa la finalidad de la meditación: aproximar a quien la practica al fundamento último de su realidad como persona –simbolizado por el paisaje donde se levanta la casa-y a la fuente que hace posible el conocimiento –representado por la luz sin la cual nada se ve. Por eso, en vez de considerar la meditación como una técnica de autoayuda que promete aliviar el sufrimiento existencial del ser humano haciéndole sentirse a gusto dentro de su piel, prefiero concebirla como un proceso de más largo alcance, que lleve a la persona a descubrir por experiencia el auténtico sentido de su vida, conociéndose de verdad a sí mismo.

El encuentro con el sustrato íntimo de la existencia aparece descrito –con nombres y explicaciones diversas– en el testimonio de muchas personas que, a lo largo de la historia y siguiendo tradiciones diferentes, han recorrido este camino. La coincidencia entre ellos es tan sorprendente que cuesta creer que sea fruto de la casualidad. Constituye la respuesta a la pregunta que tantos filósofos se han planteado en busca del principio o fundamento de la realidad que percibimos.

Si bien las respuestas dadas a este interrogante varían en función del siglo o de la cultura a que pertenezca cada filósofo, lo llamativo es que esa aspiración de encontrar un sustrato o principio no es exclusiva de una escuela o época determinadas, sino que atraviesa la historia del pensamiento como una sospecha recurrente. Es la idea que subyace al concepto de filosofía o sabiduría perenne[4] –expresión popularizada por el título de una de las obras de Aldous Huxley[5]– cuyos vestigios se pueden hallar en la tradición ancestral de sociedades y culturas de todas las latitudes de la Tierra, y que en su forma más desarrollada resuena en el origen de las grandes religiones.

La filosofía perenne pone de manifiesto la similitud de fondo que se aprecia en las afirmaciones de individuos de culturas y épocas diversas sobre la naturaleza de la realidad y el sentido de la vida, lo que invitaría a considerarlas como versiones diferentes de una misma verdad. En esencia, que el mundo fenoménico no es la única realidad, que los seres humanos poseemos una capacidad, atrofiada por falta de uso, para la vivencia de esa verdad última; y que desarrollarla sería la finalidad de la existencia. Aunque cada tradición lo exprese con palabras y conceptos diferentes, esa disparidad obedece a los condicionamientos particulares impuestos por las circunstancias de cada cultura. Esta conexión entre sistemas de pensamiento geográfica y culturalmente distantes como el taoísmo o el budismo zen y la filosofía alemana llevó a Martin Heidegger a declarar, tras leer la obra del monje budista D. T. Suzuki, que era eso precisamente lo que él mismo había tratado de enseñar.

4. Denominación empleada por primera vez en el siglo XVI por el humanista Agostino Steuco, que expresa una idea posteriormente asumida por el filósofo y matemático alemán Gottfried Leibniz, quien la usó para designar la filosofía común y eterna que subyace a las religiones y, en especial, a sus corrientes místicas. Sería equivalente al *sanatana dharma* del hinduismo. Es un concepto fundamental de la obra de autores tan influyentes como René Guénon, Frithjof Schuon y Ananda Coomaraswamy, así como para la psicología transpersonal del prolífico Ken Wilber.

5. *La filosofía perenne*, publicada en 1945.

Así pues, una vez más las apariencias engañan y donde muchos solo ven una superposición de opiniones sin más credibilidad que la que se quiera dar a la persona que las formula suenan unos mismos acordes que, combinados de otra manera, dan lugar a músicas diferentes. Lo habitual es oír la música y percibir la variedad de las composiciones sin percatarse de sus concordancias. Sin embargo, por muy bien que suene la música, lo que importa es cómo se aplica en la vida concreta de cada persona, qué tiene que ver con nosotros. Conocer esas investigaciones puede satisfacer una legítima necesidad intelectual de saber, pero es insuficiente para encontrar la salida del laberinto de la mente. Necesitamos dar el paso de la teoría a la experiencia.

Ahora bien, el sueño habla en clave simbólica, por lo que la visión del paisaje a través de la ventana no puede interpretarse como si el sustrato o fundamento de la mente fuera una entidad igual de observable que cualquiera de los objetos que hay dentro de ella. Se trata solo de una imagen. Porque si ese fondo que hace posible todas nuestras experiencias en forma de sensaciones y cogniciones pudiera ser conocido directamente, sería otra sensación más, y habría que seguir buscándolo sin fin. Al ser el principio o sustrato de la realidad, está en toda ella, pero sin ser una parte o elemento de la misma. ¿Por qué no llamarlo vacío? Sé que esta palabra arrastra fuertes connotaciones negativas que casi todo el mundo quiere evitar, pero tal vez sea la forma menos inapropiada de referirnos a él, para indicar que no es algo que vayas a identificar percibiéndolo porque no es una cosa junto a las demás. Pero no te asustes: recuerda que también la Biblia en su primera página relata la creación del cosmos partiendo de la nada. ¿Acaso habría que temer al vacío luminoso que descansa en el origen de todo lo que existe, incluidos los renglones con que se escribe tu biografía?

Aunque cualquier comparación sea imperfecta, algunas metáforas ayudan a entender un poco mejor esa idea, que puede resultarte difícil de captar. Imagina que asistes a la proyección de una película en una sala de cine. Lo que ves en la pantalla es efecto de la luz que, al incidir sobre ella, da forma a la película. Sus personajes se ven en la pantalla, pero no viven allí, carecen de consistencia porque solo son visibles cuando la luz se encuentra con esa superficie blanca que no puede atravesar. Ahora bien, los personajes no son visibles en la luz que les da vida mientras no se proyecte en la pantalla. Análogamente, los contenidos de nuestra experiencia –sensaciones y cogniciones– se hacen perceptibles al reflejarse en la mente el sustrato que los origina. Entonces adopta la forma de sensación o cognición y se hace inteligible como contenido mental.

Otra metáfora posible sería la pantalla de cine, cuya presencia pasa desapercibida cuando un espectador está viendo una película porque su atención se centra, naturalmente, en el contenido de la proyección; pero la pantalla está delante de sus ojos durante toda la sesión y, gracias a ella, puede disfrutar de la película. Algo semejante ocurre en nuestra experiencia cotidiana, en que somos conscientes de la sucesión de sensaciones y cogniciones que la integran, pero sin percibir el trasfondo del que emergen.

No disponemos de una antena que nos permita sintonizar con eso que siempre está presente y que la mente es incapaz de percibir, pero al menos sí que contamos con la posibilidad de intuirlo. Con frecuencia se describe como un hallazgo inesperado, que causa asombro; por eso en algunas tradiciones se refieren a él como despertar o iluminación. Mediante la intuición es posible caer en la cuenta de algo que en realidad no se ha visto, pues no se apoya en ninguna sensación, pero que genera una certeza equivalente a la que se produciría habiéndolo visto. Pese a no tratarse de una sensación o cognición, a la hora de asimilar y explicar a los demás esa intuición necesariamente habrá de revestir forma de cognición, ya que solo mediante el lenguaje se puede interpretar y compartir con otros esa experiencia, aun a costa de que, traducida a palabras, pierda el sabor original que solo conoce quien la ha vivido personalmente.

Siendo una cognición afirmar la existencia de un sustrato de lo real, cabría preguntarse si expresa la verdad o no, igual que podríamos hacer con cualquier otro pensamiento. Pero lo mismo que sucede con las restantes cogniciones que aparecen en la mente, lo decisivo no es saber si es cierta o falsa, sino si te sirve para llevar la vida que realmente quieres, si te ayuda a construir una vida con sentido en la que puedas realizar lo que para ti es valioso. Porque en último término, por muy sublime que sea una experiencia, ¿de qué vale si no influye en tu vida? Se conocen bastantes casos de personas que, después de haber tenido esa experiencia, alcanzaron un punto de inflexión en su vida, que desde entonces tomó un nuevo rumbo, gracias al impulso de aquel descubrimiento que cambió su comprensión de la realidad y su manera de estar en ella. Lo interesante es que desde esta nueva perspectiva las cosas parecen tener otro brillo, aunque en realidad lo único que haya variado sea la forma de mirarlas.

Probablemente conozcas una de las alegorías más famosas de Platón[6], en que unos hombres encadenados desde su nacimiento en lo profundo de una caverna, de la que nunca han salido, se ven obligados a mirar siempre a una de las paredes, donde se reflejan las siluetas que proyecta el fuego de una hoguera que arde a sus espaldas. Para ellos, las sombras son la única realidad que conocen, ya que ignoran cuál es su origen y cómo son de verdad los objetos reflejados en la pared. ¿Qué sucedería si uno de esos prisioneros consiguiera salir de la caverna y tras descubrir el origen de las sombras regresara para contárselo a sus compañeros? Tal vez lo tacharían de loco; su relato les parecería tan absurdo que les sobrarían argumentos para no creerlo. En cambio, el prisionero regresado a la caverna sí que estaría en condiciones de mirar las sombras de otra manera porque sabría que no son la auténtica realidad. Pues bien, podemos interpretar esta alegoría de la caverna viendo en los encadenados una imagen del ser humano, aprisionado en los límites de la mente, de modo que las som-

6. Conocida como el mito de la caverna, aparece en su obra *La República*.

bras proyectadas en la pared simbolizarían los fenómenos mentales que construyen nuestra experiencia como personas. Para salir de la ignorancia de creer que son la única realidad solo hay dos alternativas: la indagación personal o asumir como verosímil lo que otros han contado de su propia experiencia. Aunque la finalidad de este libro es invitarte a lo primero, las enseñanzas transmitidas durante siglos en esa línea también pueden servir de guía y estímulo para tu proceso personal. Aquí es donde cobra sentido la práctica de la meditación, que en muchas tradiciones es el vehículo privilegiado para conducir a esa experiencia.

Un detalle significativo de mi sueño es que después de haber visto el paisaje a través de la pared de cristal no se me ocurrió salir afuera, sino que volví hacia el interior de mi casa, aunque con una actitud diferente. Empleando la alegoría platónica, si se sale de la caverna no es para quedarse viviendo fuera, sino para regresar junto a los demás prisioneros y compartir su misma vida, una vez se ha comprendido cómo es la realidad al otro lado. La diferencia es que entonces se vuelve sabiendo que lo que aparece en la pared es solo el reflejo que produce la luz del exterior al interponerse objetos o personas. Por eso, cuando el prisionero regresado a la caverna mire las sombras de la pared las verá de otro modo, sin confundirlas con la realidad como el resto de sus compañeros, ya que ha aprendido que hay algo más real que las sombras. La salida de la caverna le habrá enseñado a mirar desde otro ángulo las que en lo sucesivo aparezcan ante sus ojos, lo cual implica haber adquirido una comprensión diferente del mundo y de sí mismo.

Tal vez te preguntes por qué es importante conocer qué es lo que causa las sombras, si a fin de cuentas nunca vas a dejar de verlas; en otras palabras, qué ganas sabiendo que los fenómenos mentales no son la auténtica realidad, si son todo lo que vas a percibir mientras vivas. Si todo se redujera a una simple cuestión metafísica no me habría preocupado por escribir este libro. Es cierto que la nueva perspectiva a la que abre la meditación tiene una vertiente metafísica, pero no es la única. También la tiene psicológica, porque afecta a tu concepción como persona, al revelarte –como veremos en el próximo capítulo– quién eres de verdad. Pero, sobre todo, lo decisivo es que puede mostrarte cuál es el sentido que ha de orientar tu presencia en el mundo, haciendo que tu vida valga la pena.

11

DESCUBRIENDO QUIÉN ERES

Simplemente abandona lo que no es tuyo, y encuentra lo que nunca perdiste: tu propio ser.

—Nisargadatta

La meditación tiene mucho que ver con el desarrollo psicológico de la persona y en especial con la manera en que esta se percibe a sí misma, es decir, con su autoconciencia. Pese a lo que pueda parecer a primera vista, responder a la pregunta de quiénes somos no es tarea sencilla; quizá por eso ha ocupado y preocupado a muchos pensadores y psicólogos de todos los tiempos. No es fácil dar con la respuesta porque el yo es un concepto escurridizo y con muchas facetas. Si te miras al espejo, puedes decir sin problema que la imagen que ves eres tú, al mismo tiempo que estás convencido de no ser esa imagen que te muestra el espejo, no solo porque creas que eres algo –o mucho– más que una figura reflejada, sino porque sabes que la imagen del espejo cambiará con la edad y sin embargo tú seguirás siendo el mismo.

De hecho, la conciencia del yo no es resultado de una percepción, pues como expresaba el filósofo David Hume no tenemos ninguna impresión o sensación simple y permanente que podamos identificar como yo; esta palabra no designa un objeto que se perciba como el libro que sostienes en tu mano, la botella sobre la mesa o la luna en el cielo. Sin embargo, es evidente que todos compartimos la certeza de ser algo o alguien que permanece en el tiempo; lo cual, siguiendo a Hume, no sería fruto de la existencia de una entidad como tal, sino de la memoria de sucesivas impresiones. Por tanto, el yo no es una sensación, sino una idea elaborada a partir de otras sensaciones; se trata entonces de una cognición. Y como en todas las cogniciones, más que averiguar si es verdadera o no, lo que habría que saber es si es útil para ti. Creo que la respuesta salta a la vista: puede que no solo sea útil, sino necesaria porque sirve como centro de gravedad para construir una vida coherente y significativa, sin que ello suponga imaginar al yo como una realidad tangible o estable. Observa la siguiente figura:

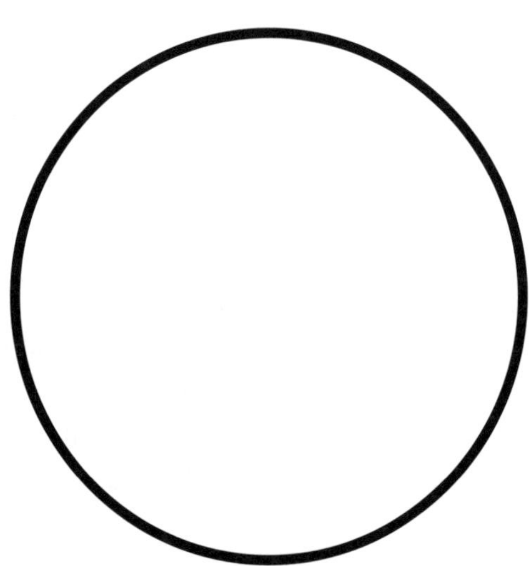

¿Ves el centro de la circunferencia? Yo no lo veo, y supongo que tú tampoco, sencillamente porque no lo hay. Sin embargo, que no ocupe un lugar en el espacio no impide que nos valgamos de ese concepto en la vida diaria, útil no solo para que los niños aprendan geometría en la escuela sino para muchísimas cosas más, como para construir un reloj analógico, diseñar la rotonda de una carretera o elaborar una tarta de manzana coronada por una guinda. La idea de yo es necesaria para vivir, quizá por eso la naturaleza se encarga de que todos la incorporemos a nuestra experiencia vital. Construir un yo fuerte parece ser condición para madurar como personas y mantener un equilibrio psicológico saludable.

Es interesante analizar cómo evoluciona en el ser humano su autoconciencia, pues no es un concepto estático sino que avanza atravesando niveles que se superponen como las capas en las formaciones geológicas, de manera que cada estrato incluye y trasciende el anterior. Así, la forma en que un adulto se comprende como individuo es el resultado de un desarrollo gradual en que cada etapa habrá integrado –a la vez que superado– a la anterior; algo similar a lo que ocurre cuando un niño está aprendiendo a hablar: primero balbucea, luego emite sonidos simples, más tarde palabras sencillas y finalmente, frases más complejas. También la autoconciencia progresa desde lo elemental a lo más complejo.

El punto de partida de esa evolución es el estado de indiferenciación que caracteriza al recién nacido, que aún no es consciente de la separación entre su cuerpo y el entorno que lo rodea; aunque se dé cuenta de sucesos, todavía no se percibe a sí mismo como una entidad separada[1]. Pero pronto será capaz de reconocer algo externo a él y diferente de sí, lo que significa la aparición de una incipiente y rudimentaria sensación de identidad, que irá avanzando paulatinamente hasta que el niño experimente su cuerpo como distinto del ambiente. Tras esta primera etapa en que la identidad es solo corporal,

1. Piaget habla de conciencia protoplásmica o simbiótica.

la adquisición del lenguaje representará un acontecimiento crucial, ya que supondrá la entrada en escena de una mente verbal diferenciada del cuerpo. Se trata de un paso importante, no solo porque amplía la posibilidad de interactuar con el mundo, sino también porque en cierto modo la estructura misma de la lengua que está aprendiendo le servirá de andamiaje para construir su idea de yo.

Al incorporar el lenguaje a su repertorio, se produce un cambio sustancial en la manera en que el niño empieza a relacionarse consigo y con el mundo en que vive. Su experiencia dejará de estar circunscrita al presente en que ocurren las sensaciones corporales, a medida que emerja y se consolide una mente verbal con la que se irá identificando. Desvinculándolo del presente, el lenguaje le ofrece la posibilidad de conocer la realidad en modo verbal, sin necesidad de experimentarla sensorialmente, al tiempo que refuerza la naturaleza sintáctica del yo. Esto implica que el niño aprende a concebirse como sujeto, a semejanza del yo gramatical, y a interpretar los acontecimientos de su entorno como predicados, por lo que tanto él como el mundo se convierten en entidades verbales, o sea, simbólicas. Se podría decir que la realidad va entrando cada vez más en su cabeza.

Conforme el niño va creciendo, su identidad personal se desarrolla hasta configurarse como lo que en nuestra sociedad suele considerarse un yo maduro, que integra lo fisiológico y lo psicológico. En ese recorrido iniciado al nacer las sucesivas etapas por las que atraviesa se van superponiendo a las precedentes, pero sin eliminarlas. Esto me recuerda la teoría del cerebro triple de Paul MacLean[2], según la cual la estructura actual del cerebro sería el resultado evolutivo de la superposición de tres sistemas cerebrales interconectados: el reptiliano, que es el más primitivo y regula los instintos; el límbico o emocional; y el neocórtex o cerebro racional. Así como los instintos o las emociones no han sido suprimidos por la racionalidad, de alguna manera el niño que llevamos dentro nos acompañará toda la vida,

2. Médico y neurocientífico norteamericano (1913-2007).

pues al crecer no lo abandonamos, sino que se integra transformado en estadios más desarrollados. Tampoco los yoes con que nos hemos identificado desaparecen del todo.

Las psicoterapias occidentales tienen como objetivo corregir los desajustes que se hayan producido en la integración del yo psicosomático estándar o restaurar su equilibrio perdido, lo cual ya es un logro importante. Sin embargo, la meditación puede desempeñar un papel fundamental para que el desarrollo de la identidad personal no se detenga en ese nivel, favoreciendo una evolución ulterior. Entonces es cuando la meditación despliega su auténtica fuerza, ayudando a dar el paso que conduzca a la persona a trascender la forma en que hasta entonces se concebía, identificada sobre todo con la mente verbal. Esta nueva percepción del yo que posibilita la meditación constituye un verdadero cambio de rasante en la experiencia individual; llegando a ese punto puede darse por bien empleado el esfuerzo y el tiempo invertidos, con sus parones y retrocesos.

Pero aparte de que sea un concepto no exento de sospecha, la dificultad de comprender qué es el yo reside en que utilizamos la misma palabra para referirnos a experiencias diversas. Por un lado, está la conciencia de ser algo distinto de lo que percibimos como mundo que nos rodea, colocándonos en la perspectiva del sujeto de nuestra historia personal. Pero, por otro, también somos capaces de reconocernos como un ente más en medio del campo de nuestra percepción, situándonos como objeto. En ambos casos emplearíamos la palabra yo. Para que captes con un ejemplo esta doble perspectiva, imagínate sentado en el auditorio de una sala de conciertos; mientras la orquesta interpreta una obra, no solo estás escuchando la sinfonía, sino que a la vez puedes verte a ti mismo igual que percibes al resto del público o a la orquesta. Es decir, eres el sujeto que escucha el concierto y también el espectador que está sentado en tu butaca.

Cualquier adulto habrá desarrollado desde su infancia esta doble vertiente de la autoconciencia como sujeto y como objeto. Sin embargo, esto supondrá que llamará yo al producto de su identificación con algunas de las muchas facetas posibles que lo definen y por consiguiente su comprensión de sí mismo será forzosamente fragmentaria. Por ejemplo, una mujer podría reconocerse –y ser reconocida por los demás– como:

- La madre de Juan y Marta.
- La esposa de Carlos.
- La vecina del tercero.
- La amiga de la infancia de Katy.
- La peluquera de la calle Cervantes.
- Una clienta del gimnasio del barrio.

Se trata de una misma persona pero descrita desde puntos de vista diferentes. Aunque todos esos aspectos sean verdad, en realidad no explican quién es ella, pues se limitan a identificarla por uno de los muchos rasgos biográficos posibles. Son definiciones parciales, basadas en lo que esa persona tiene o hace, cuando la clave está precisamente en descubrir lo que ella es. Podría divorciarse de Carlos, cambiar de piso o trasladar su peluquería a otra calle y seguiría siendo la misma persona. La buena noticia es que la meditación puede favorecer que se alcancen nuevos niveles de desarrollo en la comprensión de uno mismo, más allá del binomio yo sujeto/yo objeto y de la identificación reduccionista con cualquiera de las facetas, siempre contingentes, de su historia personal.

Desde la primera sesión, al meditador se le enseña a relacionarse con las cogniciones y sensaciones que aparezcan en la mente de un modo diferente a como tiende a hacer en su vida diaria. En esencia, ese nuevo modo de relación consiste en tomar conciencia de la distancia entre los contenidos de la mente y el sujeto que los está observando con imparcialidad. Esto ayuda a disminuir la fusión que se produce entre el observador y lo observado cuando aquel se identifica con los contenidos de la mente y que, como ya sabemos, es uno de los principales responsables del malestar psicológico. Pero además, entrenando la atención de esa manera, se agudiza la capacidad de que el meditador se reconozca como espectador de dichos contenidos, convirtiéndose en testigo. Probablemente la meditación contribuya a la evolución de la identidad personal hacia otros estadios a través de ese progresivo distanciamiento entre los contenidos de la mente y la conciencia del testigo.

Cuando el escenario de la mente está ocupado por percepciones del mundo es más fácil darse cuenta de la distancia que separa al observador de lo observado que cuando son los pensamientos o emociones los que están en el primer plano. Imagina, por ejemplo, que estás sentado en un banco del parque y fijas tu atención en un pajarillo que acaba de posarse en la rama de un árbol frente a ti; limitándote a observarlo, no tendrás dificultad para reconocerte como el testigo de lo que está haciendo el pajarillo, o lo que es lo mismo, para saber que él está allí, en la rama y tú aquí, en el banco, mirándolo. Tú y el pájaro sois dos. Sin embargo, cuando tu atención se fija en lo que te dices interiormente o en la fuerza con que sientes una emoción que te domina, aunque tú también seas testigo del pensamiento o la emoción, no eres tan consciente de que entre tú y ellos haya una distancia como la que te separa del pájaro en la rama y por eso tiendes a creer que tus pensamientos o emociones son más tuyos. De algún modo, en ese caso te ves más en ellos que en el testigo que los presencia. La intensidad con que te los apropies puede hacer que te confundas con ellos: es el estado de identificación con el diálogo interno propio de la mente pensante.

La meditación te enseña por experiencia que tú siempre eres el testigo de lo que ocupa el espacio de la mente, no solo del pájaro posado en la rama de un árbol, sino también de tus pensamientos y emociones. La práctica continuada fortalece esa habilidad de colocarte a la suficiente distancia de tus pensamientos y sensaciones para verlos pasar como simples fenómenos de los que te haces consciente pero distintos de ti, lo cual fortalece tu condición de testigo, que irá ganando profundidad a medida que progreses por este camino. Además, lo interesante es que la perspectiva del observador o testigo no es exclusiva de los tiempos dedicados a la meditación, sino que también se puede ejercitar en la vida diaria. Es posible que para muchos meditadores esto ya sea el final del trayecto porque la consolidación de la conciencia de ser el testigo de la experiencia reporta beneficios que suelen considerarse signos de calidad de vida. Pueden darse por satisfechos y no aspirar a más cuando hayan aprendido a gestionar mejor sus emociones, reduciendo el ruido producido por el diálogo interno; a tomar decisiones conscientes que sustituyan a las respuestas automáticas; o a disfrutar más de la vida afrontando situaciones que antes les provocaban estrés o malestar. Se trata de logros muy valiosos, que ponen de manifiesto el innegable efecto balsámico de la meditación, aunque conformarse con ellos puede convertirla en un artículo de consumo, muy bien aceptado en nuestra sociedad, pero que desvirtúa el verdadero sentido de esta práctica milenaria[3].

Contribuyendo a ahondar la autoconciencia como testigo de los contenidos mentales la meditación puede conducir al que la practica a un estadio nuevo, donde se supera la distinción entre sujeto y objeto. Alcanzar ese nivel recuerda lo que le sucede al senderista, que mientras sube una montaña solo ve la ladera que pisa, pero que al coronar la cima contempla un panorama muy diferente que se despliega ante sus ojos. Los que han llegado a este punto acostumbran a describir este paisaje como una honda experiencia de comunión con la esencia de la realidad, de la que nace un sentimiento íntimo de familiaridad con todo lo que existe: una comprensión de sí mismo radicalmente distinta, ya que la persona experimenta lo que significa sencillamente ser. En vez de identificarse con lo que hasta entonces creía que era –un sujeto que piensa y actúa o el testigo que lo ve–, ahora se reconoce

3. Ronald E. Purser en su libro *McMindfulness* (Alianza editorial, 2021) alerta del riesgo de convertir el mindfulness en la nueva espiritualidad capitalista.

descansando en la simple conciencia de ser. Este puede ser el genuino sentido de la tan ansiada autorrealización, que no consistiría en ver colmadas las aspiraciones de un individuo egocéntrico, guiado por sus deseos de bienestar, sino en descubrir quién eres de verdad. En otras palabras, la meditación no es la fórmula para encontrarte bien, sino para encontrarte. Porque quien allí te espera eres tú mismo, aunque no ese que tropieza con los muebles de la casa de la mente, sino el que resplandece revelado por el silencio y a quien parecen dedicados estos versos de Juan Ramón Jiménez:

> Yo no soy yo.
> Soy este
> que va a mi lado sin yo verlo,
> que, a veces, voy a ver,
> y que, a veces olvido.
> El que calla, sereno, cuando hablo,
> el que perdona, dulce, cuando odio,
> el que pasea por donde no estoy,
> el que quedará en pie cuando yo muera.

Sin embargo, no hay que imaginar este proceso evolutivo impulsado por la meditación como si hubiera de ser un itinerario rectilíneo, ni los grados de desarrollo alcanzados como conquistas definitivas, en el sentido de que la persona vaya a instalarse permanentemente en ellos. No se puede vivir en una nube; por muy sublimes que sean las experiencias que se hayan saboreado hay que regresar a la vida ordinaria, que es precisamente el lugar donde habrán de manifestarse. Quien ha visto cómo se le revelaba su naturaleza más profunda, que lo conecta con el fundamento último de la realidad, está llamado a transparentarla en su existencia concreta, en medio de las alegrías y tristezas inherentes a su condición humana.

Pero para encarnar en su vida, limitada y caduca, la eternidad que asoma en lo hondo de su ser, el hombre debe hacerse permeable a ese descubrimiento y dejar que se convierta en la luz que ilumine su paso por el mundo. Tal vez deba revisar cuáles son los valores que de verdad inspiran y motivan sus acciones para comprometerse coherentemente con ellos. Incluso puede que en lo sucesivo su tarea primordial no sea acumular pertenencias que le aseguren un futuro dorado ni esforzarse por conseguir lo que le falta para ser feliz –como quizá haya estado haciendo toda su vida–, sino soltar el lastre de todo lo que le sobra porque no es suyo y no oponer resistencias a la metamorfosis de su pequeño yo, ahora que ya ha vislumbrado que no se define por lo que tiene sino por lo que es.

Lo malo es que ese horizonte no encaja en la escala de valores de la mayoría de la gente. Aunque no seamos conscientes de ello, todos tenemos una, que probablemente no estará anotada en una agenda, pero que se hace explícita en nuestro modo de actuar. Puede ser útil que te pares a pensar qué es lo que de verdad te importa en la vida, cuáles son tus valores. No me refiero a los objetivos o metas que te propongas alcanzar en la vida, como por ejemplo, estudiar medicina, tener dos hijos o conseguir un puesto de trabajo que te garantice un porvenir sin agobios económicos; sino a los valores que orientan tus decisiones y las acciones que realizas. Son esos principios fundamentales que te guían e impulsan en tu viaje por este mundo, expresando tus deseos más profundos de la clase de persona que quieres ser. Tu escala de valores se manifiesta en lo que haces y en lo que dejas de hacer voluntariamente[4].

Un sencillo ejercicio para reconocer cuáles son tus valores. Siéntate tranquilo y cierra los ojos. Imagínate que ya tienes una edad avanzada, próxima a la esperanza de vida en torno a los ochenta o noventa años. Por unos instantes, vete repasando cómo ha sido tu vida hasta entonces, evocando lo que más te motivaba y qué hacías cuando tenías

4. Cantaba José Luis Perales en uno de sus grandes éxitos: "¿A qué dedica el tiempo libre?". Responder a una pregunta así de simple ayuda a hacerse una idea de lo que de verdad importa en la vida.

veinte años. Haz lo mismo recordando cuando tenías treinta, luego cuarenta y así sucesivamente hasta la edad que imaginas tener ahora. Finalizado este recorrido por tu pasado, completa las siguientes frases:

- He pasado demasiado tiempo preocupándome por...
- Si pudiera dar marcha atrás y volviera a tener treinta años...
- Me habría gustado dedicar más tiempo a...
- Lo que no volvería a hacer es...

Siendo sincero en tus respuestas habrás desempolvado algunos de tus valores, que guiarán los objetivos o metas concretas que te plantees de ahora en adelante. Los hay de muchas clases, desde los más elementales y casi instintivos, que buscan satisfacer necesidades biológicas para lograr el bienestar físico y emocional hasta otros más altruistas. Cuanto más lejos de su ombligo se sitúen los valores de una persona tanto más se allana el camino a su autorrealización; todo lo contrario cuando se colocan en la cumbre de su escala de valores los que en la práctica funcionan al servicio de un yo cada vez más endurecido y encerrado en sus intereses. Decía Dostoievski que el secreto de la existencia del hombre no solo es vivir, sino tener algo por lo que vivir. Esta es la cuestión. Lo cual significa que el ser humano alcanza su máximo desarrollo trascendiéndose a sí mismo, cuando se desplaza el centro de gravedad de su ego a la persona que realmente es. Podríamos llamarla Yo –pero con mayúscula– para diferenciarla de su pequeño yo.

Cuando en mi sueño llegué junto a la pared encristalada por la que entraba la luz del sol y se divisaba el horizonte, caí en la cuenta de que no era exactamente cierto que mi casa terminara en sus paredes, pues en ese momento la sentí inseparable del inmenso terreno sobre el que estaba construida. Esa imagen puede representar el instante en que la identidad se expande hasta verse reemplazada por la conciencia de ser, sugiriendo que es posible habitar en la casa de la mente sin sentirte atrapado por lo que parecen ser sus límites, desplazarte por todas sus estancias sin perder el contacto con la profundidad de sus cimientos. La visión del exterior a través de los cristales sirve para dar un nuevo sentido a la vida dentro de la casa. Esa gran pared de cristal es la frontera que separa –y al mismo tiempo une– la casa con su fundamento; es el último rincón de la casa al que es posible llegar, y también el único desde el que se adivina de dónde procede la luz que penetra en todas sus habitaciones. Por eso para mí simboliza el límite de la mente, y lo que se ve al otro lado, una metáfora de la vida sin fin de la que aquella emerge. Y así como en mi sueño pude disfrutar del panorama sin salir de la casa, también lo que late más allá de la mente es intuido a través de ella. La dificultad surge al querer expresarlo con palabras, pues el lenguaje ordinario de la mente no lo entiende; tal vez sea mejor en este caso recurrir a la poesía, cuyo principal mérito, según Dámaso Alonso, consiste en ser la única articulación de la lengua humana que puede aproximarse algo al misterio de lo divino.

Explorar la mente –que es adonde apunta mi interpretación de la casa del sueño– sirve para que la conozcas mejor y no reduzcas el espacio de tu vida a los pocos metros cuadrados en que pasas la mayor parte del día, abriéndote a una existencia más plena. Pero lo más importante es que si la recorres hasta el final también terminarás conociéndote mejor a ti, y aprenderás a vivir de otro modo en tu casa de siempre. Ahora bien, no quiero que te quedes con la impresión de que te estoy animando a hacer una carrera de fondo; podrías obsesionarte con la ilusión de llegar a la meta desperdiciando lo más precioso del camino: dar el siguiente paso como si fuera el único. En definitiva, experimentar la frescura de cada instante en su constante fluir requiere adoptar la actitud de un eterno principiante. No sueñes con ser un meditador experto y disfruta el regalo del ahora.

Los ejercicios de este libro intentan familiarizarte con esa parte de la mente poco frecuentada, para que al menos sea tan tuya como la que ya conoces. Bajo el yugo de la mente pensante vives tan cerca de tus pensamientos y sensaciones que ellos son los que cincelan tu identidad, forjando una personalidad narrativa, sustentada por el lenguaje y fuertemente egocéntrica. La meditación tiende a desactivar el predominio del lenguaje como principal artífice de tu identidad, y lo hace enseñándote un nuevo estilo de relacionarte con la realidad: en vez de buscar comprenderla semánticamente conectando con ella desde el silencio. Al dejar que las palabras se desvanezcan estás creando las condiciones para saborear el presente, al que no le falta nada. Y es entonces cuando despunta tu verdadero ser, semejante a un océano de receptividad capaz de albergar todas las sensaciones y cogniciones formadas por las olas de la mente, aunque sin confundirte con ellas.

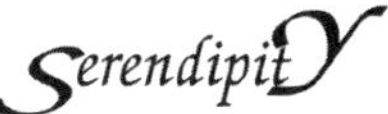

DIRECTORA: OLGA CASTANYER

ÚLTIMOS TÍTULOS PUBLICADOS

225. *Las 7 tareas espirituales del duelo.* JOSÉ CARLOS BERMEJO (2ª ed.)
226. *Otromundo. Descubrirlo, vivirlo, comprenderlo. Una guía de viaje al mundo de las personas con demencia.* ERICH SCHÜTZENDORF - JÜRGEN DATUM
227. *Reactívate. Menos medicamento y más movimiento.* ANTONIO JESÚS CASIMIRO ANDÚJAR - JOSÉ ANTONIO SANDE MARTÍNEZ (2ª ed.)
228. *Meditación y creación literaria. Aprende a vivir y a escribir mejor.* PILAR BLANCO
229. *Me cuesta estar bien.* ROCÍO RIVERO
230. *Cuaderno de trabajo para el cambio de hábitos. Cómo romper hábitos negativos e instalar hábitos positivos.* JAMES CLAIBORN / CHERRY PEDRICK
231. *¿Tengo un trauma corporal? Herramientas somáticas para sentirte seguro con tu cuerpo.* ERIKA SHERSHUN
232. *Conoce tu ansiedad y aprende a gestionarla. Una visión integradora de la ansiedad.* PUBLIO VÁZQUEZ
233. *Psicología positiva: aprende a ser feliz con la ciencia del bienestar.* IAGO TAIBO
234. *La mesa de la vida. Manual contra el sufrimiento y la desesperanza.* ENRIQUE GALINDO
235. *La asertividad por dentro y por fuera.* OLGA CASTANYER - ELENA VILLAR
236. *Dinámicas de grupos. Aprende a convivir, trabajar y dirigir grupos.* J. GARCÍA FORCADA
237. *Cuaderno de trabajo para la ira basado en la Terapia de Aceptación y Compromiso (ACT). Gestionar nuestras emociones y recuperar nuestra vida.* MANUELA O'CONNELL - ROBYN WALSER
238. *Da vida a tus sueños. 12 caminos para crecer y despertar.* MAGDA BARCELÓ
239. *Bondad práctica y radical. Yo conmigo Yo contigo Nosotros y Nosotras.* J. L. BIMBELA
240. *Sanar la ansiedad. Técnicas de respiración consciente y desarrollo personal para transformar la ansiedad en la vida que deseas.* IVÁN SÁNCHEZ
241. *Yo tampoco puedo con todo. Una guía para cuidarme y priorizar mi salud mental.* J. VEGA
242. *La escritura que cura. Manual de escritura expresiva para no profesionales.* L. ETXEBARRIA
243. *Liberémonos del narcisismo.* MARIBEL RODRÍGUEZ
244. *Cuaderno de trabajo para el trastorno de ansiedad generalizada. Actividades de TCC para controlar la ansiedad, enfrentarse a la incertidumbre y superar el estrés.* DR. LAWRENCE E. SHAPIRO
245. *Kit de herramientas para la depresión. Alivio rápido para mejorar el estado de ánimo, aumentar la motivación y sentirse mejor ahora.* WILLIAM J. KNAUS, EDD - ALEX KORB, PHD - PATRICIA J. ROBINSON, PHD - LISA M. SCHAB, LCSW - KIRK D. STROSAHL, PHD
246. *Dejé de ser yo. Memorias de un abuso narcisista.* DÉBORA PALOP
247. *Superheroes personas admirables y gente corriente. Pequeña guía para un vivir equilibrado y buena salud mental.* RAMIRO J. ÁLVAREZ
248. *¿Hay vida más allá de la mente? Conectando con el ahora.* RAMIRO JOSÉ LUIS BELMAR

Serie MAIOR

75. *Orientación psicológica ante el duelo por un suicidio.* DANIEL OLMOS
76. *Cómo retener los recuerdos. Sensojuegos terapéuticos para estimular la fijación de la memoria y la retención de los recuerdos en el Alzheimer y otras patologías.* CARLES BAYOD
77. *Aprendiendo a habitarnos. Un modelo de intervención psicoterapéutica con personas con historia de trauma.* PEPA HORNO GOICOECHEA (2ª ed.)
78. *Violencia vicaria. Golpear donde más duele.* SONIA VACCARO (2ª ed.)
79. *Reconocer y superar las relaciones tóxicas y la dependencia emocional. El apego adulto y el modelo PARCUVE.* MANUEL HERNÁNDEZ PACHECO (2ª ed.)
80. *La psicóloga en casa. Las posibilidades de la intervención psicológica en el domicilio de las personas.* NATALIA ZAIRA PEDRAJAS SANZ - Ilustraciones de BELÉN BRIGIDO
81. *El origen emocional de nuestros comportamientos. Los Sistemas Emocionales Primarios.* CARLOS LÓPEZ-OBRERO CARMONA